FÁBRICA DE VENCEDORES

AUTOR DO BEST-SELLER ***Transformando sonhos em realidade: a trajetória do ex-engraxate que chegou à lista da Forbes***

JANGUIÊ DINIZ

FÁBRICA DE VENCEDORES

APRENDENDO A SER UM GIGANTE

novo século®

SÃO PAULO, 2018

COORDENAÇÃO EDITORIAL: SSegovia Editorial
PREPARAÇÃO: Alline Salles
PROJETO GRÁFICO E DIAGRAMAÇÃO: João Paulo Putini
REVISÃO: Adriana Bernardino • Silvia Segóvia
CAPA: Brenda Sório

EDITORIAL
Jacob Paes • João Paulo Putini • Nair Ferraz
Rebeca Lacerda • Renata de Mello do Vale • Vitor Donofrio

Texto de acordo com as normas do Novo Acordo Ortográfico da Língua Portuguesa (1990), em vigor desde 1º de janeiro de 2009.

Dados Internacionais de Catalogação na Publicação (CIP)

Diniz, José Janguiê Bezerra, 1964-
Fábrica de vencedores : aprendendo a ser um gigante
Janguiê Diniz
Barueri, SP: Novo Século Editora, 2018.

1. Sucesso 2. Autorrealização 3. Sucesso nos negócios I. Título

18-1901 CDD-158.1

Índice para catálogo sistemático:
1. Autoajuda 158.1

grupo novo século

Alameda Araguaia, 2190 – Bloco A – 11º andar – Conjunto 1111
CEP 06455-000 – Alphaville Industrial, Barueri – SP – Brasil
Tel.: (11) 3699-7107 | Fax: (11) 3699-7323
www.gruponovoseculo.com.br | atendimento@novoseculo.com.br

DEDICATÓRIA

Dedico este livro a todos os jovens e adultos, que sonham em vencer, ter sucesso, prosperidade e ser feliz em abundância. A todos aqueles que sonham, transformam seus sonhos em um projeto de vida, traçam metas e, com compromisso e muita disciplina, trabalham diuturnamente, de forma árdua e extenuante, para transformar seus sonhos em realidade. Advirto essas pessoas que o caminho não é fácil, pois nada é fácil nesta vida. Entretanto, apesar de a caminhada ser difícil, não é impossível, pois "o impossível é feito de partes possíveis. Basta realizar cada parte possível que o impossível será alcançado". Informo, ainda que, nesta jornada pela prosperidade, muitos pensarão em desistir. Entrementes, o meu conselho é que, se pensarem em desistir, "desistam de ser fracos". E, acima de tudo, desistam de desistir.

ABREVIATURAS

AD (Autor Desconhecido)
AsDs (Autores Desconhecidos)
JD (Janguiê Diniz)

SUMÁRIO

PARTE 2 – PASSOS PARA O SUCESSO E PARA A PROSPERIDADE

APRESENTAÇÃO

Normalmente as pessoas sonham em atingir o sucesso profissional. Contudo, a primeira pergunta que deve ser feita ao se debater este tema é: *o que é sucesso profissional?* Este é um conceito bem subjetivo e variável para cada pessoa.

Para algumas pessoas, o sucesso profissional pode ser o reconhecimento no mercado, conforto financeiro, viagens internacionais, tornar-se chefe, ter o próprio negócio ou alcançar um cargo no alto escalão da empresa. Para outras, sucesso profissional está ligado a uma questão mais individual e subjetiva, ter mais tempo para a família ou até trabalhar menos tempo durante o dia.

Como empreendedor, vou mais além. Para atingirmos o sucesso profissional e sermos felizes – já que podemos ter as duas coisas –, precisamos "decidir ter", sair da nossa zona de conforto, ter "sorte", sonhar, transformar nossos sonhos em projetos de vida, traçar metas, com métodos e disciplina, trabalhar muito e com muita determinação para cumprir essas metas, ser otimista, persistente, ousado, corajoso, ter autocontrole, ser autoconfiante e assumir riscos; a partir disso, o universo conspira a nosso favor. Com efeito, constatamos da leitura deste parágrafo que, para se ter sucesso, prosperidade e sermos felizes em abundância, é necessário um conjunto de fatores e, principalmente, a conjugação de várias características, em especial, fazer o que amamos.

O sucesso exige evolução, aplicação prática dos conhecimentos teóricos adquiridos e habilidades comportamentais. Aliado a isso, a ética e o sucesso precisam andar sempre de mãos dadas. Não tenham dúvidas, sucesso profissional não é decorrente de "sorte", pois sorte não existe. Aliás, "sorte" só ocorre quando a preparação *adrede* encontra uma oportunidade.

No atual mundo globalizado, apenas a formação técnica, apesar de ser essencial, não é mais suficiente. O investimento em desenvolvimento pessoal e profissional deve ser contínuo, e cursos de especialização, mestrado e doutorado são considerados diferenciais. Entretanto, jamais poderemos descuidar das experiências práticas, pois a teoria sem a prática é como navegar num oceano sem bússola. Outrossim, para se construir uma carreira bem-sucedida, é preciso desenvolver um pacote de competências comportamentais que, hoje, são extremamente valorizadas pelo mercado.

Uma trajetória de sucesso, na maioria das vezes, inclui momentos de fracasso. Nesses momentos, é preciso ter humildade e confiança em si mesmo, mas confiança não pode ser confundida com arrogância. A confiança é consequência do autoconhecimento, de se ter clareza sobre suas capacidades e estar comprometido com seus objetivos. Vem da convicção de seus valores. Surge da segurança ao se expor ideias e realizar uma determinada atividade. A confiança é fundamental para sair da zona de conforto, inovar e assumir riscos calculados – características importantes e valorizadas no empreendedorismo e pelo mercado.

A importância da autoconfiança está na capacidade de um profissional se sobressair em ambientes cada vez mais competitivos e que exigem uma postura diferenciada daqueles que almejam alcançar o reconhecimento pelo seu desempenho.

Você quer obter sucesso? Então, a leitura de *Fábrica de vencedores: aprendendo a ser um gigante* é o primeiro passo para trabalhar sua mente e construir sua trajetória de sucesso. O livro traz reflexões sobre cada um dos passos nesse percurso, sendo o primeiro deles nos livrarmos das nossas crenças limitantes e pensamentos fixos que nos impedem de dar passos largos e sair da zona de conforto, acreditando que tudo é possível.

Esqueça a frase que diz: "O sucesso é para poucos". Apenas nós possuímos a chave para o sucesso e ele é para aqueles que o escolhem. Por isso, é preciso ter compromisso com seus sonhos, estipulando metas e cumprindo-as, com métodos, disciplina e muito trabalho. É essencial, também, ter uma referência, um paradigma, um modelo nesta jornada rumo ao seu sucesso. A modelagem com compromisso, constância e disciplina é outro dos passos para aqueles que almejam o sucesso.

Nessa jornada, não podemos esquecer que nem tudo são flores. Os segredos para se ter sucesso vão muito além da inteligência e do talento. Existem inúmeros passos no caminho do sucesso que são desconfortáveis e dolorosos, mas, se seguidos de forma organizada e constante farão você sair de um nível comum de vida para o seleto grupo de pessoas de sucesso. Sucesso e prosperidade estão ligados diretamente à dor e ao sacrifício, embora temporários.

Viver não é uma tarefa simples nem fácil. Entretanto, a vida pode ser cheia de possibilidades, encantos, aventuras e muito prazer, se você fizer por onde. Da mesma forma é o sucesso. Seu primeiro e maior desafio nesta jornada é você mesmo. Afinal, vai querer desistir por diversas vezes. E, quando pensar em desistir, precisa ter em mente que a única desistência que você tem que aceitar é a de "desistir de ser fraco".

Outro passo determinante para uma trajetória de sucesso é a "sorte". Mas em que consiste a sorte? A sorte, por assim dizer, nada mais é do que a reunião de conhecimento, habilidade, competência, muito trabalho, não desperdiçar oportunidades e iluminação divina. Ou seja, quanto mais preparo você tiver e quanto mais empenho, esforço e trabalho você aplicar, mais sorte terá.

Quando falamos de preparo, falamos de conhecimento. Hoje, nós vivemos na era ou sociedade da informação e do conhecimento. Nesta sociedade, o conhecimento ou capital intelectual é muito mais importante que os recursos materiais como fator de desenvolvimento humano, considerado instrumento de poder. E, novamente, voltamos à persistência e à perseverança. Afinal, para adquirir informações e conhecimento, é preciso que a educação e o estudo sejam assíduos, contínuos, ininterruptos e continuados, ou seja, nunca poderão ser interrompidos.

Hoje, as pessoas que se destacam são aquelas que buscam qualificação contínua, que não se conformam com o comum, que não desistem no primeiro "não", que vencem suas limitações, que planejam com cautela as suas atividades e que são proativas.

Fábrica de vencedores também trata de habilidades e competências e, nesse aspecto, é preciso diferenciar os dois conceitos. O Dicionário Aurélio ensina que Competência é a "qualidade de quem é capaz de apreciar e resolver certo assunto, fazer determinada coisa; capacidade, habilidade, aptidão, idoneidade". Na sociedade atual, as competências são essenciais para que o indivíduo tenha sucesso em sua vida social e na carreira. A forma de conduzir suas relações, responsabilidades e profissão são determinadas por sua capacidade de, a cada dia, conviver e resolver as situações cotidianas, cujos resultados são totalmente dependentes da forma com que seus problemas são solucionados. Por outro lado, podemos definir a habilidade como aplicação prática de uma determinada competência para resolver uma situação complexa.

Na busca pelo sucesso chegamos, invariavelmente, no quesito *trabalho* e *produtividade*. O primeiro enobrece o homem. E para que o segundo exista é necessário a organização – principalmente do tempo.

Não podemos nos esquecer de não desperdiçar as oportunidades, afinal, elas normalmente aparecem disfarçadas de perspicácia, sagacidade e muito trabalho. O sucesso e a prosperidade só acontecem quando a preparação *a priori* encontra uma oportunidade.

Fábrica de vencedores é o passo a passo para o sucesso e a prosperidade, seja qual for a sua definição pessoal para eles. Quando uma pessoa pretende e decide verdadeiramente mudar de vida, não ficando apenas na intenção, por menor que sejam as ações, ela já deu o primeiro passo para a transformação da sua vida.

O caminho, que é longo e árduo, passa necessariamente pelo sonhar, ter metas e objetivos bem definidos, planejar, organizar, ter autoconfiança, conhecimento e autoconhecimento, "sorte", determinação, estudo, resiliência, ser tolerante, flexível, criativo e inovador. Aprender com os erros do passado e focar o futuro, afinal, ninguém conquista vitórias, sucesso e prosperidade sem se esforçar, se sacrificar, ter programação mental para o sucesso e sem se sentir merecedor de tal sucesso.

Todos os nossos sonhos grandes e impossíveis podem se tornar realidade se tivermos coragem, ousadia, determinação, persistência, obstinação e paciência para persegui-los. Boa leitura!

Recife, outubro de 2018.

PREFÁCIO

Neste livro, *Fábrica de vencedores: aprendendo a ser um gigante*, Janguiê Diniz oferece um conjunto de lições e experiências àqueles que ambicionam o sucesso e a realização profissional e pessoal.

O conceito de que o destino de cada um de nós está em nossas mãos é fundamental para nosso crescimento e desenvolvimento. Apesar de frequentemente atribuir-se a trajetória das pessoas a elementos externos – sorte ou falta dela, acaso, destino, ajuda, apadrinhamento etc. –, Janguiê demonstra com exemplos e reflexões como cada um é capaz de influenciar o próprio destino.

A reflexão, o planejamento e, principalmente, a ação são elementos essenciais para alcançarmos nossas metas e objetivos. E ninguém melhor do que Janguiê para defender essas ideias: seu percurso de vida é o melhor exemplo do que ensina neste livro. Empreendedor desde os oito anos de idade, Janguiê é uma prova indiscutível de que o sucesso é um processo de construção contínuo. Reconhecido por seu talento e obstinação, sua história de vida serve de exemplo e inspiração para todos nós.

Conheci Janguiê Diniz em 2012, quando fomos contratados para fazer a abertura de capital da Ser Educacional. Impressionou-me a sua história pessoal e a da empresa que ele tinha construído. Embora o Nordeste represente 14,5% do PIB nacional, dentre as 160 empresas que abriram capital desde 2005, apenas quatro eram da região (aproximadamente 2,4%).

Fundado por Janguiê, o grupo Ser Educacional teve um crescimento exponencial nos seus quase vinte anos de existência, atuando em um setor da maior importância para a construção do Brasil: a educação.

A história do grupo começou na década de 1990, com a fundação do Complexo Educacional Bureau Jurídico, que oferecia cursos preparatórios para concursos, uma novidade na cidade do Recife. Além disso, Janguiê também investiu na realização de congressos nacionais e internacionais na área jurídica. Com o sucesso da marca, em 1999, passou a oferecer cursos pré-vestibulares específicos para o curso de Direito.

Em 2003, reconhecendo a necessidade de cursos de Educação Superior de qualidade para o Nordeste, Janguiê inaugurou a Faculdade Maurício de Nassau. Em pouco mais de três anos de existência, a Faculdade se consolidou como uma instituição de ensino de destaque nas regiões Norte e Nordeste do país. Entre 2006 e 2010, a Faculdade expandiu suas unidades por outros Estados do Nordeste, ampliou sua governança empresarial e transformou-se no Grupo Universitário Maurício de Nassau.

Em 2010, o nome da companhia mudou para Grupo Ser Educacional S.A. As reformulações e a trajetória de crescimento continuaram; e, em 2011, o Grupo aumentou, de forma significativa, o portfólio de cursos em suas unidades de ensino. Em 2012, foi conferido à Faculdade Maurício de Nassau o credenciamento como centro universitário, e a nomenclatura da Faculdade passou a ser UNINASSAU – Centro Universitário Maurício de Nassau.

Em 2013, tive a felicidade de participar do processo de abertura de capital do grupo Ser Educacional, que aconteceu por meio de uma oferta pública inicial de ações (IPO, na sigla em inglês). A Ser Educacional passou a ter suas ações negociadas na B3, nossa bolsa de valores, no Novo Mercado, segmento para empresas de capital aberto com os mais avançados níveis de governança corporativa.

Enfim, com muito trabalho, planejamento, excelentes projetos de expansão via crescimento orgânico e aquisições, o grupo Ser

Educacional possui atualmente mais de 160 mil alunos e está presente nas regiões Norte, Nordeste e Sudeste do País.

A cada ano são formados milhares de estudantes nas instituições de ensino do Grupo, ingressam no mercado de trabalho e contribuem de maneira concreta para o desenvolvimento econômico do Brasil. São jovens que compartilham sua trajetória de vida com seu fundador, Janguiê Diniz, e, até mesmo, seus sonhos de realização pessoal e profissional.

Dentre esses tantos caminhos desenhados pelo empreendedor, fica claro que, sem determinação, trabalho, estudo contínuo, ética e amor ao próximo, ele não teria alcançado tantas realizações admiráveis. Estou certo de que os valores apresentados por Janguiê neste livro servirão de inspiração para o seu desenvolvimento e para suas próximas conquistas.

Boa leitura!

São Paulo, junho de 2018

José Olympio Pereira – CEO do Credit Suisse no Brasil

PARTE 1

considerações INICIAIS

1

DOENÇA DA VITIMIZAÇÃO, DO MISERALISMO OU DO SEM SORTISMO (SÍNDROME OU PATOLOGIA DO COITADISMO)

Quero começar esta minha narrativa asseverando que muitas pessoas acham que têm muitos problemas na vida, que passam por muitos obstáculos, que têm muitas dificuldades. Enfim, elas vivem se queixando, se lamuriando, se lastimando e se lamentando que: 1) não têm oportunidades na vida; 2) não conseguem emprego; 3) não conseguem montar o próprio negócio, o empreendimento; 4) não conseguem ganhar dinheiro; 5) têm muitas dívidas. Além disso, alegam que têm mais problemas que os outros, que não conseguem crescer, desenvolver-se, conquistar, progredir, ter sucesso, prosperidade, vencer na vida e ser feliz em abundância. É comum as pessoas acharem que a casa, o emprego, o negócio ou o empreendimento do vizinho são melhores do que os delas. Entrementes, é particularmente alegre consignar que essas pessoas estão completamente enganadas. Quando ouço uma pessoa com essas queixas, enfim, com esse discurso negativo, recomendo que assista a alguns vídeos e, dentre eles, em especial, estes:

VÍDEO 1 – Dois irmãos siameses
https://goo.gl/x3dxva
ACESSE PELO QR CODE

VÍDEO 2 – A história de Nick Santonastasso
https://goo.gl/c4Ts6a
ACESSE PELO QR CODE

Caros amigos, depois de assistirmos a estes vídeos, nós constatamos, sem a menor sombra de dúvidas, que os nossos obstáculos, os nossos problemas, as nossas dificuldades são muito pequenas e infinitamente menores que as dos outros. Basta nos lembrar das dificuldades das duas pessoas que vivem em um só corpo, bem como das dificuldades de se viver sem perna e sem braços. Ora, meus prezados leitores, todos nós passamos por obstáculos, problemas e dificuldades na vida. Só não tem problemas quem já está morto, quem já está no cemitério. Mas saibam que nossos problemas são muito pequenos, infinitamente menores que os dos outros. Se colocássemos nossos problemas em uma cesta, víssemos como eles são e comparássemos com os dos outros, pegaríamos nossos mesmos problemas de volta. Entretanto, mesmo com esses problemas pequeninos, todos têm solução. Até para a morte tem solução, haja vista que, para os cristãos, a morte é apenas o renascimento para a vida eterna.

Agora, se quisermos ficar mais confortáveis em relação aos nossos pequenos problemas, basta assistirmos ao vídeo criado pela AACD no ano de 2016 intitulado *"Máquina Resolvedora de Problemas"*, que circulou na cidade de São Paulo. Neste laboratório social, crianças portadoras de deficiência motivavam as pessoas que adentravam na cabine para poder, ao clicar em um botão vermelho, "resolverem seus problemas". Naquele instante, depois de bastante impactante a mensagem, as pessoas que participavam da iniciativa, ao final do vídeo, podiam demonstrar o quanto, de fato, seus problemas não eram "problemas": mas, sim, fatos da vida para os quais grandes quantidades de atenção foram dirigidas a eles. E não eram situações impossíveis de serem resolvidas – muito pelo contrário!

VÍDEO 3 – A máquina resolvedora de problemas da AACD
https://goo.gl/x5s8RW

ACESSE PELO QR CODE

Pois bem, estimados leitores, segundo pesquisa realizada pelo IBGE em parceria com o Ministério da Saúde em 2015, cerca de 6% da população, o que equivale a pouco mais de doze milhões de pessoas, tem algum tipo de deficiência: seja ela física ou psicológica. E uma outra parte que não consta nesta amostra citada da população possui outro tipo de deficiência que eu chamo de *doença da vitimização, do miseralismo ou do sem sortismo*, também conhecida por *"síndrome ou patologia do coitadismo"*, seja por pessimismo, visão pequena do mundo ou visão negativa da vida, se autodefinindo, se autodenominando vítima, miserável, sem sorte, coitado. Essas pessoas vivem procurando desculpas para justificar sua inércia, sua paralisia, sua letargia, sua inação, sua incapacidade de se mover, de sair do óbvio, de sair da caixa, do padrão, do piloto automático ou de sua zona de conforto. São pessoas que usam todo o tipo de desculpas e de justificativas e não reconhecem a maravilha que é viver com muita saúde e ter a capacidade de fazer tudo o que quiser, inclusive conquistar o mundo. À guisa de exemplo, Alexandre o Grande conquistou o mundo aos 33 anos de idade, e na época não existia antibiótico.

Ora, caros titãs, aquele que faz papel de "vítima ou miserável" fica paralisado e perde a capacidade de gerar algo, de explorar sua produtividade e os frutos que são percebidos por meio do seu empenho e tempo, pois desperdiçar seu potencial humano pela simples "falta de ação" é o mesmo que se trancar dentro de uma cela ou de uma masmorra e jogar a chave fora pela janela, virando um prisioneiro sem perspectiva de *habeas corpus*.

2

LIBERTE-SE DA DOENÇA DA VITIMIZAÇÃO, DO MISERALISMO E DO SEM SORTISMO, DEIXE DE DAR DESCULPAS E JUSTIFICATIVAS E SAIA DA INÉRCIA, DA PARALISIA, DA LETARGIA E DA SUA ZONA DE CONFORTO

Logo, estimados amigos, para crescermos, desenvolvermos, conquistarmos, progredirmos, vencermos, termos sucesso, prosperidade e sermos felizes em abundância em nossas vidas e em nossos empreendimentos, temos que, em primeiro lugar, deixar de dar desculpas e justificativas. Em segundo, fugir da doença da vitimização, do miseralismo, do sem sortismo e do coitadismo. Em terceiro, sair da inércia, da paralisia, da letargia, da inação, do óbvio, da caixa, do padrão, do lugar comum, do piloto automático e da nossa zona de conforto. É que a ação sempre vence a inação. Temos que aprender com as lições das águias, que ensinam os filhotes a voar empurrando-os do ninho ainda pequeninos. É que para crescer, evoluir e progredir, precisamos constantemente sair da nossa zona de conforto.

Nessa perspectiva, é importante lembrar que toda vez que você se sentir em estado de conforto, saiba que estará hibernando e, em hibernação, você estará morrendo, pois ela faz com que você deixe de crescer e de progredir. Com efeito, caso deseje crescer, progredir, ser rico, ter sucesso e prosperidade, aprenda a viver bem fora da caixa, do lugar comum e dos padrões de normalidade. Aprenda a viver sempre na zona do desconforto, pois, "grandes empreendedores estão sempre confortáveis em estar desconfortáveis" (Steve Blank). Outrossim, existe até uma equação criada pelo escritor motivacional T. Harv Eker* ensinando que: "ZC = ZR", isto é, a sua "zona de conforto" é igual a sua "zona de riqueza". Segundo ele, "quanto mais confortável você quiser se sentir, menos riscos se disporá a correr, menos oportunidades desejará explorar, menos pessoas conhecerá, menos estratégias desenvolverá... Embora nunca ninguém tenha morrido de desconforto, a aspiração ao conforto matou mais ideias, oportunidades, ações e crescimento do que qualquer outra coisa neste mundo. O conforto aniquila. Se a sua meta na vida é se sentir confortável, garanto-lhe duas coisas: primeira, você nunca terá sucesso nem ficará rico; segunda, jamais será feliz. Insistindo tenazmente, apesar do desconforto, você acabará atingindo a sua meta".

Logo, nunca se esqueça de que "o sucesso é a soma de pequenos esforços repetidos diariamente" (Robert Collier). Ele "normalmente vem para quem está ocupado demais para pensar nele" (AD). E, "sempre que você vir uma pessoa de sucesso, você verá as glórias, nunca os sacrifícios que a levaram até lá" (Vaibhav Shah). Com efeito, "pare de perseguir o dinheiro e comece a perseguir o sucesso" (Tony Hsieh).

Lembre-se, também, de que apenas você possui a chave para o sucesso. E saiba que pessoas de sucesso sabem se relacionar muito bem com outras pessoas e têm sempre uma visão forte e bem definida do que querem, já que, para chegar ao sucesso, não existe atalho. Desta maneira, defina o que é prioridade para você. Isso tornará o caminho do sucesso muito mais fácil e menos doloroso.

---

* EKER, HARV T. *Os Segredos da Mente Milionária*. Rio de Janeiro: Sextante, 2006.

"SEMPRE QUE VOCÊ VIR UMA PESSOA DE SUCESSO, VOCÊ VERÁ AS GLÓRIAS, NUNCA OS SACRIFÍCIOS QUE A LEVARAM ATÉ LÁ."

VAIBHAV SHAH

3

O QUE É SUCESSO PARA VOCÊ?

A definição de sucesso é muito subjetiva. Depende de cada pessoa, pois é uma definição pessoal. Os dicionários definem a palavra "sucesso" como sendo obter "resultado positivo após alguma tentativa ou esforço, seja ele profissional, acadêmico ou pessoal", ou também a "obtenção de honras, êxito, riqueza". Anthony Robbins, famoso estrategista, escritor e palestrante motivacional americano, por seu turno, define o sucesso como sendo "viver a vida de uma forma que o faça sentir uma tonelada de prazeres e muito pouca dor e, por causa do seu estilo de vida, ter as pessoas ao seu redor sentindo muito mais prazer do que dor". Por outro lado, Deepak Chopra, médico indiano radicado nos Estados Unidos, conhecido por seus livros sobre Ayurveda, espiritualidade e medicina corpo-mente conceitua o sucesso como sendo "crescimento contínuo da felicidade e a realização progressiva de metas dignas. O êxito é a capacidade de transformar facilmente os desejos em realidade". Ampliando o quadro de análise, importante citar a belíssima definição de sucesso de autoria de Ralph Waldo Emerson notável escritor, filósofo e poeta americano. Para ele, sucesso consiste em "rir muito e com frequência; ganhar o respeito de pessoas inteligentes e o afeto das crianças; merecer a consideração de críticos honestos e suportar a traição de falsos amigos; apreciar a beleza, encontrar o melhor nos outros; deixar o mundo um pouco melhor, seja por uma saudável criança, um canteiro de jardim ou uma redimida condição social;

saber que ao menos uma vida respirou mais fácil porque você viveu. Isso é ter tido sucesso".

Em minha simples opinião, eis o que defino como "sucesso": consiste em viver com prazer, alegria e conforto, transformando sonhos e desejos em realidade, conquistando honras, êxitos, riqueza e felicidade, seja na vida pessoal ou profissional, e como consequência natural deste processo, ser respeitado, querido, admirado até o momento de ser considerado como um exemplo e inspiração para aqueles que o cercam, contudo não se esquecendo de lutar por um mundo melhor para a vida humana.

Com efeito, estimados amigos, todos nós podemos ter bons empregos (para aqueles que querem ser empregados ou executivos). Passar em concursos públicos (para aqueles que querem ingressar nas carreiras públicas e ser funcionário público). Montar o próprio negócio (para aqueles que querem ser empreendedores). Ganhar dinheiro, ter sucesso, prosperidade, vencer na vida e ser feliz em abundância, não apenas assistindo ao vídeo da fantástica máquina resolvedora de problemas da AACD, como visto anteriormente, embora ela nos dê um choque de realidade e nos ofereça mais conforto em sabermos que os outros possuem mais problemas que nós. Mas, para conquistar o sucesso, temos que deixar de dar desculpas e criar justificativas, fugir da doença da vitimização, do miseralismo, do sem sortismo e do coitadismo, sair da inércia, do óbvio e da nossa zona de conforto, e imitarmos ou nos moldarmos e modelarmos aos indivíduos que têm sucesso e prosperidade com constância, compromisso e muita disciplina.

4

MODELE-SE AOS PARADIGMAS DE SUCESSO

E, por falar em modelagem, como corolário da nossa assertiva, lembramos que, se uma pessoa só anda com pessoas viciadas, dificilmente deixará de ser uma pessoa viciada. Mas, se essa pessoa só anda com executivos ou empreendedores, dificilmente deixará de ser um deles. Isso chama-se moldagem ou modelagem.

Com efeito, combatentes, tenham sempre em mente uma máxima vaticinada pelo jovem empreendedor Caio Carneiro,* que enfatiza: "o sucesso deixa pegadas e rastros. Então, por mais que existam diversos caminhos a seguir, sempre haverá alguém que já passou por ele antes e deixou suas pegadas. Logo, é muito mais inteligente seguir a trilha de quem já abriu o caminho do sucesso, do que as trilhas dos que fracassaram. Não tente reinventar a roda. Apenas use-a para partir mais rápido e ir mais longe". É que no final, "vão te observar, vão te criticar e depois vão te imitar" (AD).

Nessa linha de considerações, é auspicioso frisar que as pessoas ricas e de sucesso admiram, imitam, buscam companhia e abençoam outras pessoas ricas e de sucesso para se motivar, pois as veem como exemplo. As pessoas de "mentalidade pobre" rejeitam e abominam as ricas e de sucesso e buscam refúgio com as pessoas negativas, fracassadas e também de mentalidade pobre. Essas pessoas, por sua própria natureza, não gostam dos ricos e bem-sucedidos. "Se você é uma pessoa boa, mas considera as pessoas ricas e de sucesso más,

---

* CARNEIRO, Caio. *Seja foda*. São Paulo: Buzz, 2017.

desonestas, indignas, vis e desprezíveis, nunca será rico nem terá sucesso como elas. Isto é uma lógica universal, como ser algo que despreza?" (T. Harv Eker).

Nesse diapasão, além da modelagem, a repetição com constância, compromisso e muita disciplina também é de extrema valia para o crescimento pessoal e profissional e para a conquista do sucesso e da prosperidade. Nesse sentido, Jeff Bezos, fundador e presidente da Amazon, assevera que o sucesso da sua empresa é "uma função de quantos experimentos fazemos por ano, por mês, por semana, por dia", ou seja, ele preza e tem o compromisso e a "repetição" como princípio.

Por outro lado, Jim Collins,* ex-professor na escola de negócios da Universidade de Stanford, cujos seis livros já venderam mais de 10 milhões de exemplares, ensina que "o princípio básico para o sucesso de uma organização está em pessoas disciplinadas que geram pensamentos disciplinados e tomam ações disciplinadas. Os disciplinados estão sempre se preparando para os tempos ruins, mesmo quando as coisas vão bem".

Logo, guerreiro, se você almeja sucesso, modele-se a alguém de sucesso, tenha compromisso com o próprio sucesso e seja altamente disciplinado, pois o sucesso não "aguenta desaforo". Tenha sempre em mente que o compromisso e a disciplina estão inexoravelmente vinculados um ao outro. Se a pessoa não tem compromisso, não terá disciplina. Sem disciplina, não terá compromisso, e nunca transformará qualquer habilidade e competência em resultados. Quando a pessoa tem um compromisso com os seus sonhos, estipulando metas e as cumprindo, com métodos e muita disciplina, o sucesso é apenas uma consequência premente. "Habilidades e competências sem compromisso e sem disciplina não têm qualquer valor. O mundo

---

* COLLINS, Jim. *Empresas feitas para vencer*. São Paulo: HSM Editora, 2015.

“OS DISCIPLINADOS ESTÃO SEMPRE SE PREPARANDO PARA OS TEMPOS RUINS, MESMO QUANDO AS COISAS VÃO BEM.”

JIM COLLINS

dos esportes está cheio de exemplos de pessoas extremamente habilidosas e competentes, mas que acabaram com suas carreiras por carência de compromisso e disciplina. A falta de compromisso e da disciplina leva os empreendedores ao insucesso e à improsperidade. Nesta linha de raciocínio é imperativo afirmar que quando você tem sucesso, a culpa é sua, mas quando você fracassa a culpa também é sua. Jamais do vizinho, da economia, do governo ou do universo. Compromisso e disciplina constituem-se em condutas cruciais para quem está empreendendo e são imprescindíveis na vida de quem quer realizar e concretizar grandes sonhos" (Caio Carneiro).

5

VOCÊ PODE TER SUCESSO E SER FELIZ AO MESMO TEMPO

Entrementes, gigantes, muita gente pode dizer que não quer sucesso. O que quer é ser feliz. Ora, as pessoas de sucesso podem ter as duas coisas. "Você almeja uma carreira de sucesso ou quer ter mais tempo para ficar com a sua família? Acho que ambos. Você quer se dedicar aos negócios ou se divertir? Também imagino que ambos. Você deseja dinheiro ou uma vida com sentido? Da mesma forma, estou consciente de que quero ambos. Você pretende enriquecer ou fazer o trabalho que ama? Claro que ambos. Isso não se aplica apenas às coisas que você quer, mas a todas as áreas da sua vida. As pessoas que não têm sucesso, pois são de mentalidade pobre, sempre escolhem uma coisa ou outra, enquanto as de sucesso optam por ambas. Uma pessoa que é rica, em todos os sentidos da palavra, entende que as duas coisas são indispensáveis. Da mesma forma como precisamos de dois braços e de duas pernas, necessitamos de dinheiro e felicidade" (T. Harv Eker).

Por outro lado, Shawn Achor,* professor da Universidade de Harvard, em seu livro *O jeito Harvard de ser feliz* afirma que é a felicidade que traz o sucesso, e não o contrário. Atentem-se bastante para esta questão! E isso sendo verdade, quem tem sucesso terá felicidade. Segundo ele, a felicidade traz o sucesso quando a pessoa consegue aumentar os seus níveis de *otimismo*, que é a crença de que seu

* ACHOR, Shawn. *O jeito Harvard de ser feliz*. São Paulo: Saraiva, 2012.

comportamento é importante frente aos desafios, aprofunda a sua *conexão social*, que é o quão profundos e amplos são os seus relacionamentos sociais e aprende a lidar com o estresse. Fazendo isso, todos os resultados em negócios e educação melhoram drasticamente e, por consequência, obtém-se o sucesso almejado.

Em relação ao *otimismo*, o pesquisador confirma que todos nós podemos moldar como o nosso cérebro enxerga o mundo. É o chamado "*Efeito Tetris*" (jogo eletrônico de quebra-cabeça muito popular lançado em 1984). Segundo ele, um estudo mostrou que pessoas que jogaram *tetris* várias horas por dia durante três dias seguidos passaram a enxergar o mundo todo como um grande jogo de *tetris*. Elas ficavam imaginando blocos nos seus pensamentos, enxergavam todos os objetos do dia a dia se encaixando: estantes de livro, móveis da sala, carros na estrada, e até sonhavam com blocos caindo e sendo organizados, o que mostra que nosso cérebro pode ser treinado para enxergar o mundo de certa forma, *seja ela negativa ou positiva*.

A conclusão, segundo ele, é que todos nós podemos e devemos criar hábitos positivos que moldem o nosso cérebro. E a regra dos vinte segundos é um deles. Se a pessoa conseguir tornar um hábito positivo (ou diminuir um negativo), utilizando de três a vinte segundos, isso vai ajudá-lo e muito. Cita como exemplo de hábito positivo o fato de dormir por muito tempo com as roupas da academia e o tênis ao lado da cama, para garantir que iria direto se exercitar assim que acordasse. E cita como exemplo de diminuição de hábito negativo tirar as pilhas do controle remoto para criar um atraso de vinte segundos no impulso de ver TV quando se está assistindo à televisão demais, o que vai fazer com que haja uma diminuição do tempo gasto com este hábito negativo.

A regra da gratidão é outro exemplo. Escreva todos os dias, pela manhã, três coisas pelas quais você é extremamente grato e não tenha cerimônia de reconhecer e dizer obrigado. Mande, todas as manhãs, uma mensagem de agradecimento para a pessoa a qual você é grato. Esse hábito é utilizado por grandes empresas, como Facebook e Microsoft, e é extremamente producente.

No que se refere ao aumento das conexões sociais, Shawn aconselha a não pararmos de nos socializar e, assim, não abandonarmos nossos amigos e nossa vida social mesmo quando estivermos totalmente atolados de trabalhos. Segundo ele, o melhor jeito de sobreviver ao estresse e à sobrecarga de trabalho é justamente aumentando o investimento nas conexões sociais, haja vista que quanto mais trabalho, mais precisamos de amigos.

6

SUCESSO ESTÁ UMBILICALMENTE VINCULADO À DOR E AOS SACRIFÍCIOS

Ampliando a forma de pensamento sobre esta temática, afirmamos que, para se ter sucesso e prosperidade, temos que nos moldar e modelar àqueles que têm sucesso e prosperidade, chamados de modelos ou paradigmas de sucesso, com compromisso, constância, repetição e muita disciplina. Além disso, é necessário darmos inúmeros passos, passos esses que são importantes, necessários e imprescindíveis na vida. E saibam que esses passos serão desconfortáveis e dolorosos. É que o desconforto e a dor vão fazer você sair de um nível comum de vida para outro que pode ser o sucesso, ou não, dependendo do tamanho do seu esforço, do seu desconforto e da sua dor. Pensem sempre que o músculo só cresce com desconforto e com dor, assim é o sucesso.

Logo, nunca percam de vista que o sucesso e a prosperidade estão umbilicalmente vinculados a grandes esforços e sacrifícios, a certo nível de sofrimento, noites sem dormir, dias e mais dias sem o convívio da família, enfim, ligados diretamente ao desconforto e à dor. É que para ser vencedora a pessoa tem que vencer a dor, pois "vencedores vencem dores". Agora, o que nos anima é que o desconforto e a dor não serão perenes nem eternos, mas temporários. Logo, é muito necessário ter consciência que sacrifícios temporários são "passaportes" para transformações gigantes e trazem para nós recompensas permanentes. Nesse sentido, há um ditado inglês que diz: "*no pain no gain*" (em tradução livre: sem esforço, sem recompensa). É evidente, então, que o sucesso consiste mais em transpiração (aproximadamente noventa por cento do tempo) do que da inspiração (apenas dez por cento do total de esforço). O filósofo Mário Sergio Cortella costuma dizer em suas palestras que "a vaca não dá leite, você tem que acordar de madrugada, ir para o curral e tirar o leite da vaca. Existe uma geração que acha que vaca dá leite, que as coisas são automáticas. Eu quero, eu peço, eu ganho. O sucesso e a felicidade resultam do esforço. A ausência de esforço gera frustração".

Na tradução das ideias em ação, a figura que mais se assemelha a pessoa que busca esta experiência de prosperidade e sucesso para si se assemelha mais à figura do papel de ser um "guerreiro". E uma das máximas do guerreiro é expressa da seguinte maneira: "Se você só estiver disposto a realizar o que é fácil, sua vida será difícil. Mas se concordar em fazer o que é difícil, sua vida será fácil e de sucesso". É que ter sucesso e prosperidade não é "um passeio no bosque. É uma viagem cheia de tempestades, guinadas, desvios, obstáculos, perigos e armadilhas" (T. Harv Eker).

Viver não é uma tarefa simples nem fácil. Mesmo assim, a vida pode ser cheia de possibilidades, encantos, aventuras e muito prazer *se você fizer por onde*. Diz um autor desconhecido que "a vida é considerada uma jornada. Se você se apaixonar pela jornada, será um ser apaixonado pela vida até o fim dos tempos". Entretanto, diz a célebre autora francesa Anaïs Nin que "a vida diminui ou se expande em proporção à sua coragem". Logo, se a vida não ficar mais fácil, trate de ficar mais forte, pois você só poderá saber o quão forte você é a partir do momento em que isto se tornar a sua última opção.

Josh Billings, um famoso escritor de humor e palestrante americano, diz o seguinte sobre o viver: "A vida não é uma questão de sempre ter boas cartas na mão. Às vezes, é uma questão de jogar bem com cartas ruins". Assim, é possível notar que a vida sempre será

"A VIDA NÃO É UMA QUESTÃO DE SEMPRE TER BOAS CARTAS NA MÃO. ÀS VEZES, É UMA QUESTÃO DE JOGAR BEM COM CARTAS RUINS."

JOSH BILLINGS

soma de suas escolhas, como disse o escritor e pensador Albert Camus, porque se sua caminhada está difícil, isto pode ser um sinal de que você está no caminho certo. Logo, "não olhe para trás, pois você não está indo nessa direção" (AD). Afinal, "viver é arriscar tudo. Caso contrário, você é apenas um pedaço inerte de moléculas montadas aleatoriamente à deriva onde o universo te sopra" (Rick and Morty).

Portanto, estimado leitor, o segredo para se ter o verdadeiro sucesso e prosperidade na vida vai muito além da inteligência e do talento. Há uma máxima de Dave Weinbaum, autor motivacional, que diz que se você não puder se destacar pelo talento, deve vencer o desafio pelo esforço.

E, para ilustrar a vinculação do sucesso e da prosperidade ao sacrifício e à dor, e não apenas à inteligência e ao talento, conta-se que ao fim de um concerto um grande pianista ouviu de uma fã: "Eu daria minha vida para tocar como o senhor. E ele respondeu: Eu dei a minha, senhora. Eu dei a minha". É que ele ensaiava quase dez horas por dia desde os seis anos de idade, renunciando à própria vida. Ora, guerreiros, se mesmo as pessoas com talentos têm que treinar, ensaiar, se esforçar horas e horas por dia, tentem imaginar aquelas pessoas que não dispõem dos dons de forma natural... "É costume as pessoas só olharem o sucesso dos outros. Só que até chegar a ele anos e anos se passaram com esforço e dedicação diário. Não precisa ser o melhor, contudo a pessoa tem que ter a percepção de ser o que mais quer e o que mais se esforça para conseguir. Tem que se esforçar mais que os outros, fazer mais que os outros e mais que o necessário. Às vezes, quem se compromete com um esforço obstinado acaba até superando outros que têm muito mais talento, mas não se esforçam nem se dedicam o necessário. Fora do esforço não há salvação" (T. Harv Eker).

7

O SUCESSO É PARA TODOS, NÃO APENAS PARA OS ESCOLHIDOS

Embora muita gente diga que o sucesso é um "esporte" para poucos, apenas para os escolhidos, eu defendo exatamente o contrário. Eu defendo o pensamento de que o sucesso é para quem o escolhe, não para os escolhidos. Pois, conforme expliquei anteriormente, ser bem sucedido é sinônimo de modelagem, compromisso, constância e muita disciplina.

E nessa empreitada pelo sucesso, *a primeira pessoa que você vai ter que vencer é você mesmo*, pois você é a única pessoa capaz de desistir, ou não, dos sonhos que você quer realizar. Ou, pelo menos, "não desista nas primeiras tentativas, a persistência é amiga da conquista" (AD). Há um ditado que diz que se você desistir uma vez isso se torna um hábito. Logo, nunca desista. Se for desistir de alguma coisa nesta vida, desista de desistir – ou especialmente, como diz Bill Gates, "desista de ser fraco". Melhor dizendo, nunca desista daquilo que não sai da sua cabeça e você pensa todos os dias, porque quando você desiste de algo na vida, desiste de tudo que vem logo depois. No filme Rocky, vencedor do Oscar, há uma passagem interessante em que o lutador, interpretado por Sylvester Stallone, diz o seguinte: "Não importa quão forte você bate, mas quanto aguenta apanhar e continuar sem desistir. É assim que se ganha, mesmo porque todo campeão foi um dia um competidor que se recusou a desistir". Com efeito, "se não puder voar, corra. Se não puder correr, ande. Se não puder andar, rasteje. Mas continue em frente de qualquer jeito" (Martin Luther King), pois "sempre é cedo demais para desistir" (Norman Vincent Peale). Aonde você não chega com talento, chega com raça e sacrifícios.

"LOGO, NUNCA DESISTA. SE FOR DESISTIR DE ALGUMA COISA NESTA VIDA, DESISTA DE DESISTIR."

JANGUIÊ DINIZ

8

MINHA TRAJETÓRIA DE SUPERAÇÃO DE ADVERSIDADES PARA ALCANÇAR O SUCESSO

Eu tive e tenho um certo grau de sucesso na vida. Aqui, faço uma indagação para vocês: por que consegui ter sucesso? Será que sou mais bonito, mais charmoso, mais talentoso ou mais inteligente que vocês? Claro que não. Apenas procuro querer mais que os outros, me esforçar mais que os outros e fazer sempre mais que o necessário para conquistar o que sonho e almejo. É que, nas palavras de Baltasar Gracián,* "não dependa de uma única coisa, nem limite qualquer recurso, mesmo que seja raro e excelente. Tenha tudo em dobro, em especial as fontes de benefício, privilégio e bom gosto. É transcendente a mutabilidade da lua, pondo fim à permanência, e mais mutáveis ainda são as coisas que dependem da frágil vontade humana. Acumule suprimentos para se precaver contra essa fragilidade, para seu conforto. Assim como a natureza duplicou os membros do corpo mais importantes e mais expostos, a arte deve suprir-nos em dobro das coisas que dependemos". Logo, se eu pude e posso ter sucesso, por que vocês não podem?

Saibam que sempre fui, sou e serei inquieto, descontente, inconformado e insatisfeito com as conquistas, e vivo em busca de conquistar mais e mais. É que "inquietação é descontentamento, e descontentamento é a primeira necessidade do progresso" (Thomas Edison). E isso sempre faz com que eu me dedique integralmente,

---

* GRACIÁN, Baltasar. *A arte da prudência*. São Paulo: Martin Claret, 1998.

por completo e de corpo e alma, aos meus sonhos e projetos, utilizando tudo que é eticamente possível e impossível na busca de realizá-los e transformá-los em realidade. Aprendi com as águias, pois elas sempre comem comida fresca, com isso, nos ensinam que não podemos nos conformar com nossas conquistas e vitórias. Quando realizamos nossas conquistas, temos que sonhar novamente e partir para concretizarmos os novos sonhos, haja vista que não é inteligente nem producente "dormir sobre os louros da vida".

Temos que ser eternamente descontentes, inconformados e insatisfeitos, pois no dia em que acreditarmos que já fizemos o necessário ou o suficiente, ou acharmos que já somos bons o suficiente para pararmos de nos aperfeiçoar, e que não precisamos melhorar mais, será o fim de nossos dias de glórias, o início de nossa derrocada e da nossa morte. É, que ao pensarmos assim, iremos parar de plantar e produzir e, se não houver plantação, não haverá crescimento e quem não está crescendo, está morrendo (Caio Carneiro).

Entrementes, algumas pessoas não conseguem crescer, desenvolver-se, conquistar, progredir, ter sucesso, prosperidade, vencer na vida e ser feliz em abundância. Isso ocorre porque elas não utilizam todos os recursos existentes e não se entregam por completo em sua inteireza na busca daquilo que desejam. "Não existe uma separação entre vida pessoal e vida profissional. Existe uma vida única, com várias áreas, e a nossa realização plena é a soma de nosso desempenho em cada uma dessas áreas. Por isso, você deve se dedicar por completo a cada coisa que faz, em cada momento da sua vida. Saibam que a conquista do sucesso só acontece se você se entregar 100%. Ou você se entrega 100% ou terá zero de sucesso. A ordem de grandeza não é diretamente proporcional. É tudo ou nada. O sucesso é igual à fidelidade, só aceita 100%. Não existe fidelidade 99%. Com o sucesso, é a mesma coisa" (Caio Carneiro).

“O SUCESSO É IGUAL À FIDELIDADE, SÓ ACEITA 100%. NÃO EXISTE FIDELIDADE 99%. COM O SUCESSO, É A MESMA COISA.”

CAIO CARNEIRO

Doutra parte, o insucesso e a improsperidade, na maioria das vezes, são causados por: crença no demérito ou na falta de mérito; sonhos pequenos demais; negatividade e pessimismo; falta de uma visão clara dos objetivos; falta de conhecimento, habilidades e competências; falta de motivação; falta de disciplina; falta de comprometimento; desperdício das oportunidades; falta de trabalho suficiente e pelo tempo necessário; imediatismo; preocupação no lugar da ação; medo do fracasso; doença do vitimismo ou coitadismo; falta de foco; descontrole emocional; falta de liderança; falta de iluminação divina etc.

Logo, colegas titãs, digam e repitam em voz alta e em bom som: É possível! É possível! Eu posso! Eu posso! E podem mesmo!

Nessa perspectiva, é auspicioso registrar que a minha vida inteira foi trabalhando cerca de doze horas por dia, desde os oito anos de idade, quando comecei como engraxate de rua. E, quando comecei a estudar para concursos, estudava cerca de seis horas por dia, aos sábados, domingos e feriados. Essa história eu conto no livro *Transformando sonhos em realidade – a trajetória do ex-engraxate que chegou à lista da Forbes*, minha autobiografia publicada pela editora Novo Século.

9

SORTE COMO ELEMENTO PARA O SUCESSO

Entrementes, muitos de vocês podem asseverar: Janguiê, você é um homem de sorte. Teve e tem muita sorte.

Ora, companheiros, na minha ótica, sorte não existe. Sorte, para mim, consiste na junção de uma série de elementos. Ela nada mais é do que a conjugação de conhecimento, habilidade, competência, muito trabalho, aproveitamento de oportunidades e iluminação divina.

Com efeito, "alguns se contentam em se colocar confiantes à porta da deusa (sorte), esperando que ela aja. Entretanto, ela conta com a ajuda do esforço" (Baltasar Gracián). "As pessoas não sabem o quanto de preparo é necessário para ter sorte" (André Buric). Logo, "eu acredito demais na sorte e tenho constatado que, quanto mais duro eu trabalho, mais sorte eu tenho" (Coleman Cox). Com efeito, "sorte é o nome que vagabundo dá ao esforço que ele não faz" (Leandro Karnal). Nesse diapasão, "fuja da ideia de que sucesso é um golpe de sorte. A sorte não existe, não acontece, ela é criada. Você cria a atmosfera, o ambiente e as condições para que a sorte aconteça" (Caio Carneiro).

Desta maneira, vamos analisar de maneira clara e objetiva cada elemento que compõe o "conceito" de sorte.

CONHECIMENTO

Hoje, nós vivemos na era ou sociedade da informação e do conhecimento. Nesta sociedade, a informação e o conhecimento, chamado de capital intelectual, é muito mais importante que os recursos materiais como fator de desenvolvimento humano, considerado instrumento de poder. Nesta nova era, nenhum país do mundo consegue sair de um estágio de subdesenvolvimento para desenvolvimento senão por meio de aperfeiçoamento profissional e educacional de seu povo. E isso só ocorre com investimento forte, real, eficaz e eficiente na educação, desde a básica, passando pela superior e chegando à pós-superior. Importante, também, investir maciçamente no desenvolvimento da inovação, da ciência e da tecnologia.

O estudo, conforme um educador anônimo, é "aquele que proporciona conhecimento e visa substituir uma mente vazia por uma mente aberta: é o nosso passaporte para o futuro, pois é capaz de abrir nossos horizontes e nos mostrar caminhos jamais conhecidos". Por outro lado, "é sempre possível alcançar a sabedoria calando-se, ouvindo, lembrando, mas, principalmente, estudando. E é a educação, e não o dinheiro, que faz a diferença e acrescenta valor ao caráter de uma pessoa" (AD). E nunca deixe de escutar, porque escutar é mais importante do que falar. Por isso que temos dois ouvidos e apenas uma boca. "A arte de escutar é como uma luz que dissipa a escuridão da ignorância" (Dalai Lama).

Immanuel Kant dizia que o ser humano é aquilo que a educação faz dele. Assim, "sua mente é como um banco: você só saca o que deposita" (Bento Augusto). E "você é o tanto quanto sabe, e se for sábio, é capaz de tudo. Homem sem saber, mundo às escuras" (Baltasar Gracián). "O saber a gente aprende com os livros. A sabedoria com a vida" (AD). Por outro lado, Benjamim Franklin dizia: "Conhecimento é poder e custa muito pouco, é a coisa mais barata do mundo. Se você acha que o conhecimento, a informação ou a instrução é cara, experimente a ignorância. Ao falhar em se preparar, você está se preparando para falhar".

Ainda seguindo este raciocínio, lembremos o que Freud ensinava: "Nunca tenha certeza de nada. A sabedoria começa com a

“CONHECIMENTO, CHAMADO DE CAPITAL INTELECTUAL, É MUITO MAIS IMPORTANTE QUE OS RECURSOS MATERIAIS COMO FATOR DE DESENVOLVIMENTO HUMANO, CONSIDERADO INSTRUMENTO DE PODER.”

JANGUIÊ DINIZ

dúvida". Leonardo da Vinci, por sua vez, falava que "aprender é a única coisa que a mente nunca se cansa, nunca tem medo e nunca se arrepende". Por outro lado, "prefiro contratar um homem entusiasmado a um homem que sabe tudo" (John D. Rockefeller). Ademais, "pessoas que sabem de tudo trabalham para pessoas que estão sempre aprendendo" (AD). Nesta mesma linha, "viva como se fosse morrer amanhã. Aprenda como se fosse viver para sempre". "O dinheiro faz homens ricos, o conhecimento faz homens sábios e a humildade faz grandes homens" (Mahatma Gandhi). Ainda assim, caro leitor, o desenvolvimento humano passará pelo aprendizado. E pelo aprendizado você conseguirá construir sua trilha para seu sucesso. Diz um consultor empresarial, Peter Drucker, também conhecido como "pai da administração moderna": "se você tiver ambição e conhecimento poderá chegar ao topo na sua profissão, independentemente de onde começou".

No contexto, é importante trazer à baila algumas máximas sobre o conhecimento: "1) Ninguém nasce burro ou inteligente. O cérebro é maleável e tem um potencial de 100 bilhões de neurônios. Ou seja: Todo mundo é capaz de aprender, se tiver os estímulos certos; 2) Para aprender é preciso querer aprender. Isto é, acreditar na própria capacidade e ter determinação" (AD).

Em se ampliando o quadro de considerações sobre o assunto, trazemos os ensinamentos de Sun Tzu, estrategista de guerra e escritor do best-seller *A Arte da Guerra*, escrito durante o século IV a.C. Naquela época, ele já ensinava que: "se você conhece o inimigo e conhece a si mesmo, não precisa temer o resultado de cem batalhas. Se você se conhece, mas não conhece o inimigo, para cada vitória ganha sofrerá também uma derrota. Se você não conhece o inimigo nem a si mesmo perderá todas as batalhas".

Agora, não esqueça de que, para adquirir informações e conhecimento, a educação e o estudo devem ser assíduos, contínuos, ininterruptos e continuados, ou seja, nunca podem ser interrompidos. É o chamado conceito do aprendizado contínuo, uma vez que não apenas o conhecimento avança, mas ele também se transforma. Foi-se o tempo em que a pessoa se formava numa instituição de Ensino Superior, conquistava o diploma, colocava o anel no dedo e vivia o resto da vida com os conhecimentos que tinha adquirido na graduação. A necessidade de um aprendizado contínuo e frequente consiste numa característica de um mundo em constante mudança cujo aprendizado adquirido fica obsoleto mais rapidamente.

É que "o velho modelo de conquistar um diploma e depois adquirir experiência foi substituído por um modelo em que continuamos voltando à escola para reaprender. As pessoas precisam se perguntar continuamente o que farão nos próximos doze meses para se manterem atualizadas. É importante continuar aprendendo independentemente do passado ou idade" (Martyn Davies).

Doutro lado, nas palavras de Samuel Arbesman em seu livro *The Half Life of Facts,** "nosso conhecimento tem uma vida útil, que está ficando mais curta (...). O conhecimento é uma selva, em que uma teoria mata a teoria anterior, ou a engloba. Além disso, um mundo mais complexo exige mais especialidades, e, ao mesmo tempo, a inovação ocorre pelo trânsito entre áreas de conhecimento distintas. Ou seja, há uma dança entre especializações e criação, de pontes com outras áreas para desenvolver a rede de conhecimento da sociedade".

Um dos fatos mais evidentes na vida moderna é que a velocidade da vida aumentou drasticamente. O mundo não está convergindo, mas divergindo. Logo, "os analfabetos do século XXI não serão

---

* ARBESMAN, Samuel. *The Half-Life of Facts*: Why Everything We Know Has an Expiration Date. Nova York: Penguin Putnam Inc., 2013.

“NUNCA TENHA CERTEZA DE NADA. A SABEDORIA COMEÇA COM A DÚVIDA.”

SIGMUND FREUD

aqueles que não sabem ler e escrever, mas aqueles que não sabem desaprender e depois reaprender" (Martyn Davies).

Hoje, pessoas que se destacam são aquelas que buscam qualificação contínua, que não se conformam com o comum, que não desistem no primeiro "não", que vencem suas limitações, que planejam com cautela as suas atividades e que são proativas.

As pessoas vencedoras, ricas, de sucesso e prosperidade passam a vida estudando e se aprimorando diuturnamente. As pessoas negativistas, pobres de espírito e de mentalidade pensam que já sabem de tudo e não se qualificam e se aprimoram. "As três palavras mais perigosas que depõem contra as pessoas são escritas com apenas sete letras: Eu já sei". "Uma planta que não cresce mais está morrendo. Isso também vale para as pessoas e para quaisquer outros organismos vivos. Os que aprendem continuadamente herdarão a terra, enquanto os que já sabem tudo estão magnificamente equipados para viver no mundo que não existe mais. Se você não estiver aprendendo continuadamente, será deixado para trás" (T. Harv Eker). Ademais, um dos maiores sábios do mundo, Sócrates, afirmara há muito tempo: "só sei que nada sei".

Logo, comprometa-se a aprender e a se qualificar o máximo que puder de forma constante e perene, pois a repetição é "mãe da aprendizagem". Para tanto, aconselha-se gastar um percentual de seus rendimentos na chamada "conta da instrução", ou seja, comprando livros, revistas, vídeos, filmes etc. Mas não basta comprar material que lhe proporcione conhecimento. Mister se faz estudá-los e fazer tudo para aprender (T. Harv Eker).

Agora, nem só de estudos e teorias vivem as pessoas... Não podemos esquecer a importância da prática, pois tão importante quanto aprender é colocar em prática o que aprendemos, já que "nós somos o que fazemos sempre. A excelência não é uma ação, ela é um hábito"

(Aristóteles). Ademais, "a prática sem teoria é como embarcar em um mar inexplorado. A teoria sem a prática é não embarcar de jeito nenhum" (Mervyn W. Susser). Teoria sem prática é o mesmo que engordar a nossa mente com uma "obesidade mental".

Um grande sinal de inteligência é procurar conhecer a si mesmo, pois como dizia o próprio Galileu Galilei, "a maior sabedoria que existe é a de conhecer a si próprio". Por outro lado, procure amizades e companhias apenas de pessoas que podem aumentar os seus conhecimentos. É preciso conviver com pessoas que constantemente acrescentem algo ao seu preparo intelectual e com isso possa ajudá-lo a conquistar o seu sucesso. "Se você é a pessoa mais inteligente e a que tem mais conhecimento no grupo em que convive, mude seu grupo. E isso significa que o ambiente pode estar limitando o seu conhecimento e o seu crescimento" (Caio Carneiro).

Por outro lado, muita gente acredita que o conhecimento é algo intrínseco às pessoas empreendedoras e colocam-no em segundo lugar. Ledo engano. Muita gente tem vontade de empreender e abrir o próprio negócio, mas acaba desistindo por falta de informações e conhecimento sobre o negócio, sobre os concorrentes e sobre o mercado.

Por fim, estimados amigos, o conhecimento angariado por meio da educação é tão importante que vou ilustrar com uma anedota.

Conta-se que um padre está dirigindo por uma estrada quando vê uma freira em pé no acostamento. Ele para e oferece carona, que a freira aceita. Ela entra no carro e cruza as pernas, revelando suas lindas pernas. O padre se descontrola e quase bate o carro. Depois de controlar o carro e evitar um acidente, ele não resiste e coloca a mão na perna da freira. A freira olha para ele e diz: "Padre, lembre-se do Salmo 129!". O padre, sem graça, responde: "Desculpe, irmã, a carne é fraca..." E tira a mão da perna da freira. Mais uma vez, a freira assevera: "Padre, lembre-se do Salmo 129!". Só que o padre não tinha conhecimento do Salmo 129. Chegando ao seu destino a freira agradece e, com um sorriso enigmático, desce do carro e entra no convento. Por outro lado, o padre, assim que chega à igreja, corre, pega a Bíblia e vai ler o Salmo 129. E o Salmo 129 enfatiza: "Siga em frente, não desista, mais acima encontrarás a glória do paraíso".

A conclusão que se extrai da anedota ou a moral da história é a seguinte: se você não estiver bem informado e não tiver profundo conhecimento sobre seu trabalho, suas atividades, seu mister, sobre o seu empreendimento, sobre o mercado e sobre seus concorrentes, você pode perder excelentes oportunidades.

HABILIDADES E COMPETÊNCIAS

Competência consiste na qualidade, capacidade, aptidão ou habilidade que o indivíduo tem de analisar e resolver determinado problema. Segundo Vasco Moretto,* "competência é fazer bem o que nos propomos a fazer". Registre-se que, na sociedade em que vivemos, as competências são imprescindíveis para que o indivíduo seja bem-sucedido em sua vida pessoal e profissional. Apenas aqueles competentes têm mais chance de ser bem-sucedidos.

Habilidade, por outro lado, consiste "na aplicação prática de uma determinada competência para resolver uma situação complexa" (Vasco Moretto).

MUITO TRABALHO

O trabalho enaltece o homem, engrandece a alma e enriquece o bolso. Portanto, sempre faz bem ao ser humano. Trabalho só faz mal aos preguiçosos e de mentalidade pobre. Trabalhar duro por algo

---

* MORETTO, V. P. Reflexões construtivistas sobre habilidades e competências. *Dois Pontos: Teoria & Prática em Gestão*. Belo Horizonte, v. 5, n. 42, p. 50-54, maio/jun. 1999.

“TRABALHO SÓ FAZ MAL AOS PREGUIÇOSOS E DE MENTALIDADE POBRE.”

JANGUIÊ DINIZ

que se acredita chama-se propósito e jamais deixará o ser humano cansado, principalmente quando é feito com alegria. O ócio, entretanto, pode levá-lo à exaustão.

Outro critério importante quando se fala em trabalho é *procurar trabalhar naquilo que você gosta*. Dificilmente alguém que não gosta de seu trabalho irá progredir. É esse amor que motiva, dá força para enfrentar as dificuldades do dia a dia e, principalmente, que leva um trabalho a um nível superior de resultado, também conhecido como excelência. É como diz uma frase muito comum de um autor desconhecido: trabalhe com o que gosta e não precisará trabalhar um dia na sua vida.

Há outro pensador do qual sua autoria é desconhecida que eu me inspiro bastante e do qual recomendo para aqueles que estão na trilha da prosperidade: "trabalhem, trabalhem, trabalhem. De manhã até a noite, e de madrugada se for preciso. Trabalho não mata. Ocupa o tempo. Evita o ócio e constrói prodígios. Trabalhe! Muitos de seus colegas dirão que você está perdendo sua vida, porque você vai trabalhar enquanto eles se divertem. Porque você vai trabalhar, enquanto eles vão ao mesmo bar da semana anterior, conversar as mesmas conversas. Mas o tempo, que é mesmo o senhor da razão, vai bendizer o fruto do seu esforço e só o trabalho irá levar você a conhecer pessoas e mundos que os acomodados nunca conhecerão. Esse mundo chama-se SUCESSO".

Não há dúvidas que o trabalho árduo gera produtividade, imprescindível para o desenvolvimento humano, já que a produtividade consiste no resultado do comprometimento com a determinação, planejamento, organização, esforço, dedicação, persistência, foco e excelência.

E para ser produtivo em qualquer atividade é preciso ter organização, principalmente do tempo. Organizar a programação do dia e de tudo o que é preciso fazer no período. Com efeito, é importante programar, na noite anterior, tudo que vai ser realizado no dia seguinte. Definir as tarefas, os objetivos, onde e tudo o que se quer alcançar. Estabelecer prioridades e colocar as tarefas mais difíceis no topo da lista. Assim, conforme elas forem sendo concluídas, o dia vai ficando mais tranquilo com as tarefas mais leves. É importante também identificar o período mais produtivo do dia para a pessoa, aquele em que ela está mais disposta e produz mais – lembrando que isso vai variar para cada pessoa – e programar as tarefas mais complexas para aquele horário, fazendo uma coisa de cada vez. Eu, por exemplo, gosto muito mais de estudar no período da manhã, pois, além de estar descansado e disposto, sinto que rendo e produzo muito mais nesse turno.

Nessa perspectiva, da capacidade de se criar e resolver as atividades diárias é importante lembrar que todos os seres humanos têm hábitos que acabam influenciando na produtividade. Um deles é o famoso botão de "soneca" do despertador. Assim como o cérebro, também chamado de "relógio biológico", este programa o corpo para estar disposto e alerta na hora em que a pessoa costuma acordar, quando ela pede mais quinze minutos extras na cama, está, na verdade, se boicotando, haja vista que perde o *timing* natural do organismo. Logo é de mister, no momento exato do alarme, pular da cama e lavar o rosto, respeitando o alarme do despertador. Outro hábito nocivo é olhar constantemente a caixa de e-mails e das redes sociais, fazendo isso, inclusive, durante o período de trabalho. Isso é uma tragédia para a produtividade. Cada vez que a pessoa checa seu e-mail e suas redes sociais, está deixando de realizar as atividades que deveria focar e se dedicar, diminuindo, drasticamente a produtividade. Com efeito, prática bem interessante e eficiente é estabelecer horários para a leitura das mensagens ou se habituar a só

"O ÚNICO LUGAR
ONDE O SUCESSO
VEM ANTES DO
TRABALHO É
NO DICIONÁRIO."

ALBERT EINSTEIN

fazê-lo depois que concluir as principais tarefas diárias, vez que já foi comprovado cientificamente que o "cérebro precisa de pelo menos quinze minutos de concentração para entrar no chamado estado de *flow* (disposição), quando a energia está totalmente voltada para a execução de uma tarefa" (Travis Bradberry).

Por outro lado, a produtividade depende, também, da vida pessoal de cada indivíduo. Lembre-se sempre de que uma mente cansada e estressada nunca será produtiva. Logo, é imperativo ter horários certos para dormir – e dormir bem –, acordar, exercitar-se – já que exercícios físicos não são só para questão de estética, mas de saúde –, tomar café, almoçar, jantar e, inclusive, se divertir.

Ao falar sobre produtividade, Shawm Achor, em seu livro *O jeito Harvard de ser feliz*, afirma que "só podemos prever 25% do sucesso de um funcionário no trabalho pela sua inteligência e suas habilidades técnicas, os outros 75% são previstos por três características gerais: 1) o otimismo, que é a crença de que seu comportamento é importante frente aos desafios; 2) conexão social, que é o quão profundos e amplos são os seus relacionamentos sociais; 3) e a maneira como ele lida com o estresse". Vaticina ele que foi observando esse padrão de comportamento em uma empresa que decidiu contratar parte de seus funcionários com um critério principal: o nível de otimismo que eles apresentavam, mesmo que tivessem ido muito mal no teste de aptidão da empresa. No final de um ano, o grupo contratado pelo seu otimismo superou as vendas dos funcionários contratados pelos métodos convencionais em 19% e, no final do segundo ano, em 57%.

Ampliando ainda mais estas considerações, o compositor, cantor e escritor argentino Facundo Cabral assevera: "Quem não ama o seu trabalho, ainda que trabalhe todos os dias, é um desocupado". Complemento com uma máxima que diz: "Trabalhar muito por algo que você não se importa é chamado de estresse. Trabalhar muito por algo que você ama é chamado de paixão".

Ainda sobre trabalho, é alvissareiro lembrar o que Abraham Lincoln frisou há muitos anos: "O homem que trabalha somente pelo salário que recebe não merece ser pago pelo que faz". O homem tem que trabalhar porque gosta e naquilo que gosta. Tem que trabalhar por prazer, para construir coisas, projetos, realizações e para transformar sonhos em realidade. Com a transformação dos sonhos em realidade, ele pode transformar vidas, histórias e destinos. O salário tem que ser o meio, nunca o fim. Quando o salário for o fim e não o meio o homem não evoluirá, não prosperará e será eternamente um assalariado.

Como um grande pensador e eterno inquieto, Albert Einstein frisou que "o único lugar onde o sucesso vem antes do trabalho é no dicionário". Logo, para complementar esta máxima do grande cientista, há uma frase de um autor desconhecido que diz o seguinte: "Estude enquanto eles dormem. Trabalhe, enquanto eles se divertem. Lute, enquanto eles descansam. Depois, viva o que eles sempre sonharam".

Até mesmo nosso eterno rei do futebol, Pelé, tem uma excelente definição para este tema: "O sucesso não acontece por acaso. É trabalho árduo, perseverança, aprendizado, estudo, sacrifício e, acima de tudo, amor pelo que você está fazendo ou aprendendo a fazer". O economista brasileiro Ricardo Amorim diz o seguinte sobre o trabalho: "Você não ganha para trabalhar, você ganha para resolver problemas, criar soluções e encantar clientes. O trabalho é só o meio, não o fim. O que importa é o que ele cria".

"Todos querem comer bem. Poucos são os que estão dispostos para o trabalho de caçar". Ademais, "se você não matar um leão por dia, amanhã serão dois". Logo, "trabalhe com o que você tem, até que tenha o que você precisa" (AsDs).

Por fim, meus caros, trabalhem até o caro se tornar barato. "Pague o preço agora para pagar qualquer preço depois" (AD). "Trabalhe duro e em silêncio. Deixe que seu sucesso faça o barulho" (Dale Carnegie).

Logo, estimados leitores, para termos sucesso, prosperidade e chegarmos ao cume ou ao topo, temos que trabalhar muito, de forma diuturna, árdua e extenuante. Pois "ser um empreendedor ou uma pessoa de sucesso é muito mais que ter a vontade de chegar ao cume, ou ao topo de uma montanha, é conhecer a própria montanha e o tamanho do desafio" (AD). Para o empreendedor, o dia deveria ter quarenta e oito horas e não apenas vinte e quatro. Eu, por exemplo, não tenho hora para trabalhar, e já começo a trabalhar aos domingos às dezenove horas, preparando a agenda da semana. Trabalho em média doze horas por dia e vivo muito bem com isso, pois, como já aprendi ao longo de minha caminhada, "a carga que escolhemos não pesa em nossas costas". Logo, dentre outras coisas, é essa carga de trabalho que me faz estar entre aquelas pessoas de sucesso.

E nunca se esqueçam de que "vão te aplaudir quando você chegar ao topo, mas não vão te ajudar a chegar lá" (AD). Sabe o que ninguém pode fazer por você? A sua parte. Ademais, "é difícil chegar ao topo quando se está com os bolsos cheios de medo" (AD).

E por falar em chegar ao topo, uma anedota para ilustrar esta questão: conta-se que um corvo está sentado no topo de uma árvore o dia inteiro sem fazer nada.

Um pequeno coelho vê o corvo e pergunta: "Posso sentar com você e não fazer nada o dia inteiro?". O corvo responde: "Claro, por que não? Você tem o livre-arbítrio".

O coelho se senta no chão debaixo da árvore, relaxa e dorme. De repente, uma raposa aparece e come o coelho.

Qual é a conclusão que se extrai da anedota? Para ficar sentado sem fazer nada, paradinho, paradinho, você deve estar no topo. E tem muitos empreendedores que, mesmo no topo, nunca se sentam e ficam sem fazer nada porque têm compulsão por trabalhar e por criar coisas.

NÃO DESPERDIÇAR OPORTUNIDADES

O sucesso e a prosperidade estão inexoravelmente vinculados à preparação *a priori*. A oportunidade costuma aparecer disfarçada. Se a pessoa não estiver alerta e preparada, não vai percebê-la. Geralmente, vem disfarçada de perspicácia, sagacidade e muito trabalho. Pois o sucesso e a prosperidade só acontecem quando a preparação adrede encontra uma oportunidade.

Nesse contexto, "não devemos confundir falta de oportunidade com falta de vontade. Se as oportunidades não aparecem, temos que criá-las" (AD). "Às vezes não há uma próxima vez. Às vezes não há segundas oportunidades. Às vezes é agora ou nunca" (AD). É que "o futuro pertence àqueles que veem as oportunidades, antes que elas sejam óbvias" (John Sculley), pois "aquele que não aproveita a oportunidade passa o resto da vida pensando nela" (AD). Logo, segundo autor anônimo "empreendedores são aqueles que entendem que há uma pequena diferença entre obstáculos e oportunidades e são capazes de transformar ambos em vantagens".

Nessa linha de considerações, é auspicioso observar o ensinamento de Graham Greene, quando enfatiza que "... haverá um momento em que a porta se abrirá e deixará o futuro entrar! Aproveite". Logo, não desperdice a oportunidade quando a porta se abrir. Mas, para não a desperdiçar, você terá que estar preparado. Isto posto, mister se faz se preparar, sempre, adredemente, aprioristicamente. É que, segundo certo provérbio popular, o cavalo selado só passa uma vez.

Quando ele passar, devagar ou correndo, pule em cima dele, porque você não terá uma segunda oportunidade.

ILUMINAÇÃO DIVINA

Quando falo de iluminação divina, não me refiro à religião, mas em buscar a nossa origem divina, ou seja, ter fé em Deus, no Criador, num Ser Superior. Estou falando, também, em observar e em se pautar sempre pelos princípios, preceitos e valores supremos e transcendentais para uma vida humana digna, entre eles, gosto de mencionar: ser correto, honesto, reto, probo, decente, honroso, íntegro, ético e fazer a coisa certa. Quando você faz a coisa errada, jamais contará com a iluminação divina. Logo, precisa criar uma relação de confiança com a sociedade e com Deus e procurar sempre ser e mostrar sua honestidade, retidão, probidade, honradez, decência, integridade e ética.

Temos que seguir a lição de Baltasar Gracián que ensinou: "as coisas não passam pelo que são, mas pelo que parecem. Raros são os que olham por dentro e muitos os que se contentam com as aparências. Apenas ter razão não basta; que o semblante também o demonstre. O que não se vê é como se não existisse. A própria razão não é venerada quando não exibe um rosto razoável. São mais numerosos os iludidos que os precavidos. O engano prevalece, e as coisas são julgadas pelo seu aspecto, raramente sendo o que parecem. Um bom exterior é a melhor recomendação da perfeição interior".

E, por falar em ética, registre-se que essa palavra vem do grego *ethos*, significando "conduta", "modo de ser". A ética consiste na "teoria ou na ciência do comportamento moral dos homens em sociedade" (Adolfo Sanchez Vázques). Quando falamos em ética, é comum associarmos à ética profissional e política. Mas a ética deve fazer parte do cotidiano de todos nós. Faz parte de quem somos e está umbilicalmente vinculada ao indivíduo. Ela consiste em fazer o que é certo, em agir de acordo com a moral e com os bons costumes, não para "aparecer" ou "mostrar-se" bom, mas porque é a forma correta de ser, de agir e de viver, até quando ninguém está observando.

A ética não se resume apenas a comportamentos individuais. No mundo das corporações, ela deve ser um princípio básico a ser observado, no qual todos os colaboradores devem conhecer e agir em sua conformidade. Ela está inexoravelmente vinculada à transparência. Uma não existe sem a outra. Se determinada empresa não trabalha com ética e transparência, o ambiente interno dos colaboradores torna-se péssimo, extremamente nocivo e nefasto. Empresas que têm a ética e a transparência como princípios básicos e norteadores das suas condutas são percebidas pela sociedade como positivas e tendem a se firmar no mercado com mais competitividade e sustentabilidade.

Com efeito, "seja ético: a vitória que vale a pena é a que aumenta sua dignidade e reafirma valores profundos" (Roberto Shinyashiki).

Alvissareiro asseverar que a observância dos valores supremos e transcendentais para uma vida humana digna, principalmente a ética, vai lhe dar brio e orgulho de sua trajetória. A inobservância apenas lhe trará vergonha e desonra. Não basta conquistar sucesso, prosperidade, ganhar dinheiro sobrepujando esses valores, sob pena de você "ser tão pobre que a única coisa que possuirá será dinheiro" (AD). Nesse sentido, Baltasar Gracián já ensinava com a propriedade que lhe era peculiar: "é melhor se desvair com pessoas de bem do que triunfar sobre os maus. Não há como dar-se bem com a vilania, pois ela não tem compromisso com a integridade, nem convém tratá-los com fidalguia, pois não entendem o que é honradez. Eis porque não existe amizade verdadeira entre os maus. Evite quem não tem

"A OBSERVÂNCIA DOS VALORES SUPREMOS E TRANSCENDENTAIS PARA UMA VIDA HUMANA DIGNA, PRINCIPALMENTE A ÉTICA, VAI LHE DAR BRIO E ORGULHO DE SUA TRAJETÓRIA. A INOBSERVÂNCIA APENAS LHE TRARÁ VERGONHA E DESONRA."

JANGUIÊ DINIZ

honra, pois quem não estima a honra não preza a virtude. E a honra constitui o trono da integridade".

Agora, honestidade, integridade e ética não querem dizer burrice ou estupidez, nem tampouco bondade, benevolência, compaixão e piedade. Seja sempre correto, honesto, reto, probo, decente, honroso, íntegro e ético, e também benevolente e piedoso, sem necessariamente ter que ser ingênuo.

E, por falar em fé em Deus, conta-se que um homem que dizia ter muita fé em Deus, mas, muita mesmo, estava andando à beira de um penhasco, quando, de repente, perde o equilíbrio, escorrega e cai no precipício. Felizmente, agarra-se a um arbusto no penhasco e fica pendurado. Depois de algum tempo nessa situação começa a gritar por socorro. "Socorro! Socorro! Tem alguém aí em cima que pode me ajudar?" Ninguém responde. Não se ouve nada. Continua gritando. De repente uma voz estrondosa responde. "Tem, sim. Eu posso ajudá-lo." Ele pergunta: "Quem é?". "Sou eu, Deus. Solte-se e confie em mim." Passam-se alguns minutos e o que se ouve em seguida é: "Há mais alguém aí em cima que pode me ajudar?" Homem de pouca fé!!!

Qual é a lição que se extrai da anedota? "Se você quer sair de um determinado *status quo*, de uma determinada condição ou de um determinado nível de vida e passar para outro nível mais elevado, tem que estar disposto a abrir mão dos seus velhos modos de ser, pensar e agir e adotar novas opções ou posturas" (T. Harv Eker).

Falando sobre os preceitos supremos e imprescindíveis para uma vida humana digna, quais sejam a honestidade, integridade, ética etc., certa vez perguntaram a um grande matemático árabe, o fundador da Álgebra, sobre a definição do ser humano. Ele respondeu: se tiver ética, atribua a nota 1. Se for inteligente, acrescente o zero e ele terá 10. Se for nobre, acrescente mais um zero e ele terá 100. E se também for vistoso e formoso, acrescente mais um zero e ele terá 1000. Mas, se perder o 1, que corresponde à ética, então perderá tudo, pois restarão apenas zeros.

Nesse particular, não é ocioso assistirmos a dois vídeos conforme links a seguir, que consagram estes valores supremos e imprescindíveis para uma vida humana digna:

VÍDEO 4 – A ética no trabalho
https://goo.gl/ds1zkj
ACESSE PELO QR CODE

VÍDEO 5 – A barraca sem atendente
https://goo.gl/DYpTML
ACESSE PELO QR CODE

Com efeito, senhores titãs, a mais “extraordinária dádiva” em crescer, desenvolver-se, conquistar, progredir, vencer, ter sucesso e prosperidade com felicidade em abundância não é a vitória em si mesma, mas, acima de tudo, poder ensinar os seus semelhantes como e quais valores foram utilizados em sua caminhada até o sucesso. Pois de nada adianta ter sucesso e prosperidade se tudo o que tiver sido feito não o for com ética, honestidade, probidade, decência e integridade. O antiético, o desonesto, o réprobo e o indecente podem até conseguir riqueza, mas serão “tão pobres que só terão dinheiro”, e nunca serão felizes, já que riqueza não é sinônimo de felicidade. Nunca conseguirão colocar a cabeça no travesseiro na hora de dormir e ter um sono tranquilo e profundo, salvo utilizando tranquilizantes.

Finalizando essas considerações sobre a chamada sorte, conta-se que certa vez perguntaram ao maior jogador de basquete brasileiro, Oscar Schmidt, por que ele acertava tantas cestas nas partidas de basquete. Ele prontamente respondeu que aquela performance era resultado da sorte que ele tinha: explicou que todos os dias após o treinamento diário que ele fazia juntamente com o time, ainda ficava cerca de quatro horas treinando arremessos sozinho. Chamou esse momento solitário de sorte.

Amigos, guerreiros. Feitas essas considerações de natureza preambulares, passamos agora a analisar os principais passos para chegarmos ao sucesso e à prosperidade.

PARTE 2

passos para o **SUCESSO** e a **PROSPERIDADE**

1

PRIMEIRO PASSO: TER A INTENÇÃO E DECIDIR VERDADEIRAMENTE MUDAR DE VIDA

Quando uma determinada pessoa intenciona e decide verdadeiramente mudar de vida, não ficando apenas no desejo, mas agindo de forma proativa, por menor que sejam as ações que ela tome, já deu o primeiro passo para a transformação da sua vida. Agora, não basta apenas ter intenções, mesmo que elas sejam boas. Além das intenções, precisa ter atitude e ação. Só com ações reais pode-se mudar, transformar e conquistar sucesso e prosperidade. É comum se dizer que o inferno está cheio de gente com apenas boas intenções e o céu com gente de boas ações.

Registre-se que sucesso e prosperidade constituem-se numa questão de "decisão". Para ter sucesso e prosperidade, se você não estiver no caminho certo, tem que mudar. Embora mudar seja muito difícil e até doloroso. Mas "não mudar será fatal" (Leandro Karnal). Nesse contexto, já foi dito por sábios que vencedores "vencem dores". Logo: vá em frente. Vá, enfrente a batalha diária pela conquista e pela prosperidade que serás vitorioso.

Nessa perspectiva, a pessoa tem que tomar uma decisão radical na vida. Tem que gritar em alto e bom som para si mesmo: *"Agora basta, agora chega"* dessa vidinha medíocre. Eu vou mudar de postura, de atitudes, para conseguir mudar de vida. E, a partir desse grito, começar a agir proativamente e profundamente para mudar. A expressão agora basta ou "agora chega", como diz Caio Carneiro, é uma das expressões mais transformadoras do mundo e que faz qualquer pessoa recomeçar a viver quando decide e tem a coragem de exclamá-la e começar a atuar para mudar.

Barack Obama costumava usar um pensamento muito assertivo neste sentido: "A mudança não acontecerá se nós apenas esperarmos por outra pessoa ou se esperarmos por algum outro momento. Nós somos as pessoas pelas quais esperávamos. Nós somos a mudança que buscamos". Assim, "você faz suas escolhas, e suas escolhas fazem você" (Gayle Forman), pois "o homem é o que ele acredita" (Anton Tchekhov), haja vista que "no final é só você mesmo. Por isso, não seja vítima das circunstâncias e sim protagonista da sua história" (AD). Aliás, existem várias qualidades que o ser humano pode ter que não exigem talento, ilustrativamente elencamos: 1) pontualidade; 2) ética; 3) vontade de aprender; 4) foco; 5) empenho e dedicação; 6) atitude; e 7) fazer mais que o esperado ou necessário. Logo, dentre as qualidades elencadas que a pessoa pode ter, constatamos que aquelas intituladas de *empenho, dedicação, atitude e fazer mais que o necessário* são características inexoravelmente ligadas à proatividade e à ação, que não dependem de inteligência, conhecimento nem tampouco de talento, e que todos podem ter, a depender de cada um.

E, após decidir mudar, tem que começar a agir sem medo. Mas tem que começar. De preferência, fazendo aquilo de que gosta. "Fazer o que se gosta é liberdade. Gostar do que se faz é felicidade" (Frank Tyger). Logo, busque as tarefas que consegue fazer melhor do que qualquer um. As pessoas não deveriam fazer as coisas em que não são boas ou que as outras pessoas querem que elas façam. "As pessoas deveriam focar aquilo em que são excepcionalmente boas e em coisas que dão resultado" (Peter Drucker).

Um conselho: comece imediatamente, pois nunca se esqueça de que o bom é inimigo do ótimo. O feito é melhor que o perfeito. Tem que começar para fazer, mesmo sem estar preparado, mas tem que começar.

É que, para aprender a andar de bicicleta, não basta ler livros sobre andar de bicicleta. Tem que andar de bicicleta, caso contrário, não vai aprender nunca. Assim é com a vitória e o sucesso em qualquer área do conhecimento humano, principalmente no empreendedorismo.

E tem que começar e ir até o fim sem descanso, pois "alguns começam tudo e nada terminam. De caráter volúvel, começam, mas nunca persistem. Nunca conseguem louvores porque não prosseguem com nada. Para eles, tudo termina antes do tempo. Para alguns, isso nasce da impaciência. O último completa as coisas, o primeiro acaba com elas; suam até vencer a dificuldade, contentam-se em vencer, mas não sabem completar a vitória. Provam que podem mas não querem. Trata-se de um defeito: mostra de leviandade, ou de incapacidade. Se a empreitada vale a pena, compensa terminar. Se não compensa terminar, por que começar? Os sábios não se limitam a espreitar a presa; abatem-na" (Baltasar Gracián).

Comece imediatamente. Não deixe para depois como se o depois fosse melhor, porque o depois pode ser tarde demais. O dia tem que ser hoje. É que a maioria das pessoas tem o péssimo hábito de deixar tudo para depois. Depois eu ligo. Depois eu faço. Depois eu falo. Depois eu mudo. Não percebem que "depois o café esfria. Depois a prioridade muda. Depois o encanto se perde. Depois o cedo fica tarde. Depois a saudade passa. Depois tanta coisa muda. Depois os filhos crescem. Depois a gente envelhece. Depois o dia anoitece. Depois a vida acaba. Não deixe nada para depois, porque na espera do depois, você pode perder os melhores momentos, as melhores experiências, os melhores amigos, os maiores amores, e todas as bênçãos que Deus tem para você. Lembre-se que o depois pode ser tarde demais" (Paulo Cirilo).

Portanto, estimado leitor, umas das chaves para o sucesso é começar sem estar pronto, pois, como diz Friedrich Novalis, "se a teoria esperasse pela experiência, nunca se realizaria". Hoje somos aquilo que fazemos repetidamente. O hábito irá criar a excelência, pois "o que eu penso não muda nada além do meu pensamento. O que eu faço a partir disso muda tudo" (Leandro Karnal). Nesse sentido, "o importante não é onde você começa, mas, sim, as decisões que toma sobre o lugar que está determinado a alcançar" (Anthony Robbins). E "comece de onde você está. Use o que você tiver e faça o que você puder" (Arthur Ashe). Esta afirmativa não poderia ser mais adequada ao contexto, porque se você esperar o momento apropriado chegar, infelizmente você nunca vai fazer nada... "Aqueles que dizem que não pode ser feito não deveriam interromper aqueles que estão fazendo" (Joel Barker). Nada obstante, "decidir o que não fazer é tão importante quanto decidir o que fazer" (Steve Jobs).

Por fim, é alvissareiro registrar que concordamos com Caio Carneiro quando ele assevera ser burrice esperar ter prática ou ficar especialista para realizar alguma coisa. Pensar assim é atraso de vida. Não tem como alguém ficar bom em alguma coisa sem antes começar a fazer, a praticar. A única maneira de ser bom em algo é fazendo e praticando. É a prática que traz a excelência. Isso é o que nos ensina a filosofia japonesa conhecida como *kaizen*, que significa "hoje melhor do que ontem, e pior do que amanhã". Tudo que é fácil um dia foi difícil. Você não precisa ser bom para começar uma coisa. Precisa começar uma coisa para ser bom. A mãe da excelência é a repetição. Tudo o que você faz bem feito é porque já vem fazendo há muito tempo e repetidas vezes. Logo, hoje seja alguém muito melhor do que ontem e, amanhã, muito melhor do que hoje.

Um grande ícone brasileiro da Fórmula 1, Ayrton Senna, disse o seguinte sobre este critério: "Faça o seu melhor e procure fazer bem feito, fazer muito mais que o necessário para ter certeza de que vai dar certo, e não apenas o possível. No que diz respeito ao empenho, ao compromisso, ao esforço e à dedicação, não existe meio termo. Ou você faz uma coisa bem feita, ou não faz".

"O IMPORTANTE NÃO É ONDE VOCÊ COMEÇA, MAS, SIM, AS DECISÕES QUE TOMA SOBRE O LUGAR QUE ESTÁ DETERMINADO A ALCANÇAR."

ANTHONY ROBBINS

2

SEGUNDO PASSO: TER UMA IDEIA E SONHAR EM REALIZAR ALGO

CONSIDERAÇÕES INICIAIS SOBRE SONHOS

Sonhar, na minha ótica, é o mais importante passo para o sucesso e a prosperidade. Mas não basta sonhar. Tem que transformar o sonho em projeto de vida, traçar metas, buscar cumpri-las com métodos, disciplina e muito trabalho, a partir disso, o universo conspira a seu favor.

"Pessoas comuns têm desejos e sonhos, pessoas extraordinárias têm planos e metas." "Estabeleça uma meta tão alta que você não possa conquistá-la até se tornar a pessoa que pode. Vá firme na direção das suas metas porque o pensamento cria, o desejo atrai e a fé realiza" (AD).

Nesse sentido, "se você pode sonhar, você pode fazer" (Walt Disney). Pois "cada sonho que você deixa para trás é um pedaço do seu futuro que deixa de existir" (Steve Jobs), haja vista que "não é verdade que as pessoas param de perseguir os sonhos porque elas envelhecem, elas envelhecem porque param de perseguir sonhos" (Gabriel García Márquez).

Com efeito, "as conquistas da humanidade foram precedidas pelo estágio do sonho ou pela ambição na mente de algum visionário" (AD). É que, "nada acontece a menos que sonhemos antes" (Carl Sandburg). E "nada é tão nosso quanto os nossos sonhos" (Friedrich Nietzsche). "Quando você deixa de sonhar, deixa de viver" (Malcolm

"NÃO BASTA SONHAR.
TEM QUE TRANSFORMAR
O SONHO EM PROJETO
DE VIDA, TRAÇAR METAS,
BUSCAR CUMPRI-LAS COM
MÉTODOS, DISCIPLINA
E MUITO TRABALHO,
A PARTIR DISSO,
O UNIVERSO CONSPIRA
A SEU FAVOR."

JANGUIÊ DINIZ

Forbes). E nós "somos o que somos e estamos onde estamos porque primeiro o imaginamos e sonhamos" (Donald Curtis). Logo, "seja qual for o seu sonho, comece. Ousadia tem genialidade, poder e magia" (Johann Goethe).

Indo um pouco mais além, é importante você perceber que "seu futuro depende de muitas coisas, mas principalmente de você" (Frank Tyger). Então, "acredite em si próprio e chegará um dia em que os outros não terão outra escolha senão acreditar em você" (Cynthia Kersey). Há uma frase de Mark Twain que diz que os dois dias mais importantes da sua vida são o dia em que você nasce e o dia em que você descobre o porquê. E assim, ao descobrir este propósito, toda a sua fortuna terá sua origem na sua mente. A riqueza está nas ideias e não no dinheiro (Robert Collier). Nessa perspectiva, "a lógica pode levar você de um ponto 'A' a um ponto 'B'. A imaginação, que é mais importante que o conhecimento, pode levar a qualquer lugar" (Albert Einstein). Eis que "o homem que não tem imaginação, não tem asas" (Mohammad Ali).

Neste contexto, podemos observar as seguintes situações e obtermos destas os ensinamentos referentes a cada uma delas:

- Walt Disney sonhou a criação de um grande parque de diversões olhando para um terreno pantanoso na Flórida;
- Juscelino Kubitschek sonhou com Brasília muito antes de as obras começarem;
- Ayrton Senna sonhou subindo no pódio da Fórmula 1 muito antes de ganhar a primeira corrida de kart;
- Júlio Verne, há 140 anos, foi chamado de maluco ao sonhar com inventos como os submarinos e as naves espaciais.

O principal motivo que impede as pessoas de conseguir o que querem é não saber o que querem (T. Harv Eker). Assim, como afirma Peter Drucker, "a melhor maneira de prever o futuro é criá-lo".

Logo, amigo gigante, não se esqueça de que "sua mente é poderosa. Quando você idealiza, é capaz de realizar sem qualquer limite, já que o limite é apenas um bloqueio criado pelos outros e pela sua própria mente" (AD). Nesse sentido, não deve se limitar por causa da imaginação limitada dos outros. Tenha sempre em mente que o que existe entre nós e nossos sonhos é a nossa força de vontade, pois somos movidos por sonhos e desejos, e a vontade de conquistar algo maior é, muitas vezes, a melhor motivação para que continuemos caminhando, correndo, lutando e superando as adversidades e os desafios. O sonho não é o sucesso em si, mas é apenas o mapa e o primeiro passo na trilha do tão almejado sucesso. Entrementes, sonhos são inúteis se não trabalharmos de forma árdua e extenuante, diuturnamente, para executá-los. Enquanto estamos apenas pensando, ou dormindo, nossos sonhos estão perdendo a chance de tornarem--se realidade. Nossos sonhos, que existem para serem realizados, não vão se realizar se continuarmos dormindo. Por isso, em vez de ficarmos escutando palavras de desânimo, nunca é tarde demais para embarcarmos em uma nova direção, viver uma nova história ou construir um novo sonho, sem sequer olhar para trás.

APAIXONE-SE PELO SEU SONHO

Nessa perspectiva, prezado sonhador, sonhe um sonho, apaixone-se por ele, amando-o até sua realização. E quando o realizar, sonhe outros. Pois tenha convicção de que ou você constrói o próprio sonho, apaixonando-se por ele e lutando diuturnamente, de forma árdua e extenuante para realizá-lo, ou "fará parte da construção do sonho de alguém" (AD). Sonhe, transforme esse sonho num projeto de vida, planeje, trace metas para concretizá-lo, trabalhe muito com métodos e disciplina e esteja certo de que o resultado será a vitória. Com bom planejamento, metas claras e definidas, métodos assertivos, disciplina, compromisso, luta e trabalho diário, a força universal vai ajudá-lo. Mas nunca se esqueça de se perguntar constantemente quanto vale o seu sonho, pois quando você conseguir afirmar que ele não tem preço, não abrirá mão dele por nada deste mundo e lutará cada minuto, cada hora, cada dia, cada semana, cada mês e cada ano, com todas as forças e energias até que consiga realizá-lo.

Assim, idealize sonhos que *te façam pular da cama logo cedo.* À medida que você os idealiza, não vai precisar de despertador para acordar e se levantar, pois *seus sonhos irão acordá-lo.* Segundo o empreendedor Leandro Vieira, existem três tipos de pessoas: as que sonham, as que matam seus sonhos e as que vivem insanamente suas vidas para realizá-los. Logo, "nunca deixe que suas memórias sejam maiores que os seus sonhos" (Douglas Ivester).

Entretanto, não basta ter sonhos, pois, como dito antes, sonho é apenas o primeiro passo ou o mapa para o sucesso, jamais o sucesso em si. E nunca se esqueça de que sonho é igual planta, se você não a regar diariamente, ela morre. Logo, precisa alimentar o seu sonho diariamente, para mantê-lo vivo até ser concretizado, e depois começar a sonhar de novo, e de novo, e de novo. Ademais, além de sonhar, é de extrema importância ter uma visão muito clara daquilo que se quer e aonde se quer chegar, mesmo sem nunca ter estado lá, e diuturnamente relembrando esta meta, inclusive dormindo com ela (Caio Carneiro).

NÃO TENHA MEDO DE SONHAR

Não tenha medo de sonhar e de realizar o seu sonho. Mas, se tiver medo, apenas tema-o sem deixar que ele o afete, pois, segundo

Franklin Roosevelt "a única coisa que devemos temer é o nosso próprio medo", pois uma mente cheia de medos não tem espaço para sonhos, já que a vida começa onde nossos medos terminam. Saiba que as pessoas de sucesso também têm medo e temem os seus medos, mas que jamais se deixam afetar ou paralisar por eles. Por outro lado, aquelas pessoas malsucedidas e mentalmente fracas não conseguem impedir que os medos as atrapalhem.

O medo, também apresentado como aquele "friozinho na barriga", sempre estará presente no nosso dia a dia, consistindo em um tipo de estado de alerta, podendo chegar a níveis elevados em certos casos. Mesmo assim o medo, em certos casos, é importante e benéfico para que tenhamos a consciência de nos prepararmos de forma adequada, com antecedência e da melhor forma possível para enfrentar as nossas tarefas e nossas obrigações cotidianas, pois é preciso seguir adiante, em contínua subida na montanha da vida e do sucesso – sempre. Apesar dos obstáculos (e eles vão estar lá), dos frios na barriga e dos medos. Apenas o excesso de medo, que podemos chamar de pânico, é prejudicial, pois causa a paralisação de nosso cérebro e dos nossos músculos e apresenta como resultados a total incapacidade de nossas ações.

Neste sentido, é importante diferenciar o medo do pânico. O medo é um estado de alerta, de alta relevância para que nos preparemos para fazer mais e melhor e darmos o nosso máximo. Ele nos ajuda a ficarmos focados e centrados naquilo que nos interessa. O pânico, por sua vez, constitui-se no exagero do medo, entorpecendo e paralisando o nosso cérebro e os nossos músculos, impossibilitando qualquer tipo de ação. *Quem não tem medo* vira um *inconsequente*. A ação cura o medo, a inação aumenta-o. Desta forma, nunca fique sem nada para fazer: mantenha-se sempre em algum tipo de ação que haverá uma forte tendência ao desaparecimento do medo (Caio Carneiro).

Tenha sempre em mente que sonhos ou pensamentos conduzem a sentimentos. Sentimentos conduzem a ações. E as ações nos conduzirão aos resultados que esperamos (T. Harv Eker).

Nunca se esqueça, também, de que é a execução continuada e disciplinada das ações que farão com que seus sonhos se realizem. Portanto, é da maior relevância você se tornar um "fã incondicional" do processo de execução disciplinada das ações para transformar os seus sonhos do mundo das ideias para o mundo real, pois "a execução continuada de pequenas ações é que faz acontecer grandes realizações. Planeje, revise, execute... Logo em seguida: planeje, revise, execute novamente" (Caio Carneiro).

NÃO FIXE PRAZOS IRREVOGÁVEIS PARA REALIZAR OS SEUS SONHOS

Nunca fixe um prazo irrevogável, que algumas pessoas chamam de prazo de validade para realizar o seu sonho, pois o prazo pode findar e o sonho ainda não ter sido realizado, e isso poderá fazer com que você desista de continuar lutando para concretizá-lo. Prazo é importante, mas não pode ser irrevogável. Ao final do prazo, caso não tenha sido realizado o projeto, avalie as formas e os processos e os corrija, retomando a caminhada até conseguir realizá-lo.

SONHE SONHOS GRANDES E IMPOSSÍVEIS

Ainda dentro deste mesmo critério, é importante registrar que eu sou um homem de sonhar muitos sonhos. É que "o homem de um sonho só", diz um autor desconhecido, "é um pobre de espírito e de espírito pobre". Nasci para sonhar muitos sonhos e venho ao longo destes anos sonhando vários, realizando alguns, tentando outros e uns poucos restam guardados no tempo que se encerra sobre minha lápide.

E sonhar sonhos impossíveis, pois "só o impossível é digno de ser sonhado. O possível colhe-se facilmente no solo fértil de cada dia" (AD). Quando me refiro a sonhos impossíveis, eu me refiro a sonhos grandes, mas plausíveis, exequíveis e realizáveis. Jamais a sonhos irrealizáveis, inexequíveis, mirabolantes ou delirantes, como, por exemplo, criar uma máquina do tempo. Nesse sentido, já ensinava Steve Jobs quando asseverou que "ser o mais rico do cemitério não é o que mais importa... Ir para a cama à noite e pensar que fiz alguma coisa grande: isso é o que mais importa para mim". Logo, "nutra a sua mente com grandes pensamentos, pois você nunca irá mais alto do que pensa" (Benjamin Disraeli). Com efeito, existe uma diferença radical entre sonho e delírio. Enquanto o sonho é algo plenamente viável, exequível e realizável, o delírio é apenas um sonho utópico, sem qualquer viabilidade ou exequibilidade.

Todos os nossos sonhos grandes e impossíveis *podem se tornar realidade* se tivermos paciência, coragem e persistência para persegui-los. Pois, como o próprio Walt Disney mencionou, "é sempre divertido fazer o impossível". E "a única forma de chegar ao impossível é acreditar que é possível" (Lewis Carroll). Nesse contexto, "não deixe mentes pequenas convencerem você de que seus sonhos são grandes e impossíveis" (Lenildo Silva).

Um dos segredos para fazer com que isso aconteça é simples, porém trabalhoso: o impossível deve ser dividido em várias pequenas partes possíveis. É extremamente importante se dedicar sempre, de manhã, de tarde e de noite às partes possíveis, para assim, com o devido tempo e esforço, conquistar aquilo que se considerava impossível anteriormente. Foque a execução da etapa de hoje. Logo em seguida a de amanhã. E assim por diante. A organização, o cumprimento e a execução correta das diversas fases farão com que você atinja o impossível. Neste sentido, uma contribuição importante demonstra exatamente o que quero dizer: as metas de longo prazo são construídas pela soma das várias metas de curto e de médio prazo. Trabalhe e concentre-se na meta de hoje e não pense no quanto falta para atingir a meta maior. Suba um degrau de cada vez e pare de se preocupar com quantos degraus ainda faltam subir. Faça isso um dia após o outro. Só vai existir um amanhã vitorioso, se você tratar muito bem tudo o que fizer hoje (Caio Carneiro).

Logo, prezado leitor, é necessário que se faça do pensar um "*pensar grande*". Queira ser "Alexandre, o Grande", nunca "Alexandre, o Médio" e jamais, "Alexandre, o Pequeno". Se você pensa grande, você pode não conseguir tudo que pensa, mas o pouco que conseguir já será enorme. Se pensa pequeno, não conseguirá quase nada ou até mesmo nada. Jorge Paulo Lemann, o maior empreendedor do Brasil e um dos maiores do mundo, ensina que sonhar grande dá o mesmo trabalho que sonhar pequeno. De fato, o trabalho é o mesmo. Portanto, não falta dinheiro no mundo: o que falta são pessoas pensando grande! Então, como diria William Shakespeare, "não tenha medo da grandeza. Alguns nascem grandes, alguns alcançam a grandeza e alguns têm a grandeza imposta a eles".

Um financista e bancário famoso, J. P. Morgan, faz a seguinte afirmativa: "Vá até onde a sua vista alcançar, e, ao chegar lá, você conseguirá enxergar mais longe". T. S. Eliot, grande poeta americano, faz a seguinte consideração sobre a mesma temática: "Só aqueles que arriscam ir longe demais podem descobrir até onde é possível chegar". Nesse sentido, é necessário "insculpir o caráter! Suba alto. Suba longe. Seu objetivo é o céu; seu alvo, as estrelas" (Texto Insculpido no Williams College – EUA).

Assim, é muito fácil constatar que todas as pessoas de sucesso PENSAM GRANDE. Aquelas mentalmente fracas pensam pequeno, pois é máxima universal que "só conseguimos aquilo que

"SÓ AQUELES QUE ARRISCAM IR LONGE DEMAIS PODEM DESCOBRIR ATÉ ONDE É POSSÍVEL CHEGAR."

T. S. ELIOT

verdadeiramente almejamos". Diz um pensamento antigo que ao mirarmos para a Lua e atirarmos, é muito mais fácil atingirmos uma estrela. Por outro lado, as pessoas de mentalidade fechada e pequena não atiram nem no telhado de sua própria casa... E em seguida ficam se lastimando, reclamando e se perguntando por que não acertam em nada... Segundo T. Harv Eker, os que pensam pequeno assim o fazem porque "morrem de medo do fracasso e do sucesso e também porque se sentem inferiores e não merecedores do sucesso".

A partir disso, muitas pessoas acreditam que o sucesso e a grandeza existem apenas para aqueles que são considerados "escolhidos". Entretanto, posso dizer baseado em minha própria experiência de vida e trajetória profissional que a grandeza existe para aqueles que desejam ser grandes, aqueles que se propõem a serem *gigantes*. Jim Collins, um dos maiores especialistas do mundo em gestão de empresas e em liderança, faz a seguinte consideração: "Quem não faz apostas grandiosas não tem resultados grandiosos".

MANTENHA-SE FOCADO EM SEU SONHO

Nesta caminhada, *sonhe grande e mantenha-se focado em seu sonho.* Tentar fazer um monte de coisas ao mesmo tempo, além de consumir muita energia mental e física, afasta você do seu verdadeiro foco. Então, lembre-se disto: *faça uma coisa de cada vez.* O foco ajuda a melhorar a resolução da sua imagem de futuro, do que você está querendo concretizar e torna mais fácil para você visualizar por onde está indo – seu ritmo, progresso e resultados. A pessoa focada não deixa uma meta se perder – é um indivíduo que não se distrai. Esta pessoa é aquela que tem sempre em mente a visão daquilo que quer realizar.

Para ilustrar o que quero dizer, vou contar uma história bem simples: um agricultor precisava organizar toda uma plantação. E ele tinha duas opções: plantar todas as sementes que tinha e aguardar elas florescerem no período certo, bem posteriormente, ou, para suprir sua necessidade do "agora", a vontade de se alimentar que em breve iria aparecer, depois de trabalhar um dia todo sob o sol, poderia fazer um prato bem especial e comê-las todas, em sua refeição no mesmo dia. Pensando no futuro, o que ele fez? Ele resolveu plantar todas as sementes! Ele decidiu abrir mão de uma recompensa momentânea para poder usufruir de algo muito maior no futuro... O que aconteceria se este mesmo trabalhador tivesse resolvido sua vontade de comer todas as sementes naquele mesmo dia? Não haveria plantação... Saiba que "o maior inimigo daquilo que você mais quer é aquilo que você quer e quer agora. As pessoas que mais conquistam não são as imediatistas, mas aquelas que abrem mão de uma recompensa momentânea por algo muito maior e permanente no futuro" (Caio Carneiro).

Com efeito, prezados sonhadores. Tenho sonhado sonhos grandes e impossíveis, e tenho convivido muito bem com isso, pois, segundo certo provérbio, "as cargas que escolhemos não pesam em nossas costas".

Nessa perspectiva, ao longo dos anos, venho sonhando meus sonhos grandes e impossíveis, carregando minhas cargas e meus fardos, mas seguindo sempre a filosofia de Nietzsche que, outrora respondendo a uma pergunta de um discípulo seu que lhe indagara: "Mestre, qual o melhor modo de subir esta montanha?". Respondera: "Sobes sempre e não penses nisso". Tenha coragem e meta a cara, não fique pensando nas consequências. É que o feito é melhor que o perfeito e o bom é inimigo do ótimo. Logo, é melhor fazer, mesmo que não seja perfeito e ótimo, mas faça. Tenha bastante coragem e *FAÇA!* Não fique pensando nas consequências que você vai conseguir. Assim, é melhor se pôr em ação, começar a sua criação, mesmo que esta não seja perfeita e ótima.

"DETERMINAÇÃO
É O TOQUE
DE DESPERTAR
PARA A VONTADE
HUMANA."

ANTHONY ROBBINS

Ademais, além de sonhar e tentar realizar meus sonhos grandes e impossíveis, carregar minhas cargas e fardos, subir meus montes e montanhas, procuro ter sempre em mente o pensamento de Carlos Drummond de Andrade que enfatizou: "tenho apenas duas mãos e o sentimento do mundo". Ou seja, com apenas minhas mãos, mas com muita sensibilidade, muito sentimento e muito amor. Pois, para viver bem neste mundo cheio de adversidades, é necessário fazer tudo com muita sensibilidade, benquerença, compaixão e amor.

A DETERMINAÇÃO COMO INSTRUMENTO PARA REALIZAÇÃO DE SEUS SONHOS

Ampliando o quadro de observações, é imperativo lembrá-los, transformadores de sonhos, que, além de sonhar sonhos grandes, é de crucial importância sermos decididos, destemidos, destemerosos, ousados, denodados, audazes, intrépidos e determinados em alcançar os nossos sonhos. É que a "determinação é o toque de despertar para a vontade humana" (Anthony Robbins). E, para sermos determinados, decididos e destemidos etc. na busca da realização dos sonhos, precisamos ter sempre conosco uma motivação para nos dar energia e força para tal realização. Gosto muito do exemplo do juiz federal brasileiro, William Douglas. Ele menciona que quando estudava para o concurso de juiz federal sempre andava com um contracheque do cargo no bolso e constantemente ficava observando aquele documento impresso e qual o salário que aquele cargo poderia lhe oferecer. Isso fazia com que ele ficasse *extremamente motivado* para estudar para o concurso e não desanimasse ou desistisse das longas e infindáveis horas de estudo. Desta maneira, isto permitiu que continuasse na luta pessoal dele, estudando dia e noite para conseguir passar neste concurso. Com técnica, determinação e a motivação necessária, ele conseguiu ingressar na carreira de juiz federal *entre os primeiros colocados.* Esta história de determinação e motivação para conseguir um cargo público também se aplica, da mesma maneira, ao empreendedorismo.

Consequentemente, para chegar ao sucesso você tem que ter "fome de sucesso" e a sua jornada em busca dele terá que ser do tamanho de sua determinação e de sua obstinação. O sucesso e fracasso caminharão sempre juntos, lado a lado. E um dos melhores exemplos disso são os esportes de alta competitividade, onde milésimos de segundo fazem a diferença entre o sonho e a realidade. A Fórmula 1 ilustra bem este conceito. E, o próprio Ayrton Senna foi muito notável em mencionar: "Seja você quem for, seja qual for a posição social que você tenha na vida, a mais alta ou a mais baixa, tenha sempre como meta muita força, muita determinação e sempre faça tudo com muito amor e com muita fé em Deus, que um dia você chega lá. De alguma maneira você chega lá".

A PERSISTÊNCIA, A PERSEVERANÇA E A OBSTINAÇÃO COMO INSTRUMENTOS PARA A REALIZAÇÃO DE SEUS SONHOS

Agora, além de sermos determinados, decididos, destemidos, destemerosos, ousados, denodados, audazes e intrépidos, precisamos ser persistentes, perseverantes e obstinados, só assim seremos superadores de dificuldades e de adversidades. O filósofo chinês Confúcio disse o seguinte: "Não importa o quão devagar você vá, desde que você não pare". Assim, com base nesta máxima chinesa, o que separa os bem-sucedidos dos malsucedidos é a capacidade de suportar algo, na constância em prosseguir (leia-se persistência), já que aquele que não luta pelo seu próprio futuro tem que aceitar o futuro que lhe vier. Com efeito, seja persistente, perseverante e até obstinado naquilo que quer fazer que você vai conseguir. Água mole em pedra dura tanto bate até que fura.

Todavia, não vamos confundir persistência com permanência nem com teimosia. A persistência é considerada uma virtude e consiste na insistência em fazer algo em que se acredita da forma mais correta possível, sempre levando em consideração as sugestões de quem já fez e teve sucesso. O persistente é dinâmico, ativo e proativo, luta de forma constante e diuturnamente dando o melhor de si e fazendo muito mais que o necessário, e até que consiga realizar o seu projeto e transformar o seu sonho em realidade. O permanente é inerte e letárgico. Ele toma uma decisão em fazer algo, mas esta decisão permanece apenas em seu estado mental, pois não age, não toma atitudes, permanecendo em estado de inércia e letargia. A teimosia, por seu lado, é a insistência em fazer algo pelo "achismo", sem se preparar, sem ouvir ninguém, sem saber se está certo ou errado. As ações do teimoso são similares às de um jumento desorientado numa ladeira abaixo. Seja persistente, perseverante e até obstinado, mas jamais permanente ou teimoso.

E, por falar em persistência, conta-se que um certo dia na missa o padre ganhou um pássaro chamado curió para rifar na quermesse e angariar fundos para a igreja.

Quando termina a missa, João vai ao padre e diz: "Padre, me dá este curió de presente".

O padre responde: "Não, João. É para rifar na quermesse para a igreja ganhar um dinheirinho".

Quando abre a igreja para a missa da noite, lá está João: "Padre, dá o curió para mim".

O padre responde: "Já disse que é para rifar na quermesse para a igreja angariar fundos, não posso".

João vai embora e o padre vai dormir, mas logo acorda com alguém batendo na janela. Era João: "Padre, me dá o curió de presente".

O padre, tão irritado pela insistência, persistência e perseverança de João diz: "Leva esta merda e não me enche mais o saco, que Deus me perdoe".

No outro dia no confessionário, Mariazinha vai se confessar com o padre: "Seu padre, o João me cantou. Disse que quer transar comigo".

O padre responde: "Quem? João? Então dá logo, dá logo, dá logo que não tem jeito, não. Este rapaz, além de ser muito chato, é muito persistente e não vai desistir nunca. Que Deus me perdoe".

Qual é a moral da história? A lição que ela nos passa? Seja persistente, perseverante e até obstinado naquilo que quer fazer que você vai conseguir.

Portanto, sejamos persistentes, perseverantes e até obstinados para superarmos nossos obstáculos e nossas adversidades e transformarmos sonhos em realidade, mas, com muita paciência, sem pressa, sem afobação e sem precipitação. É que a calma, a paciência e a tranquilidade constituem-se num poder extraordinário, num "superpoder", basta observarmos e aprendermos com a lua, pois ela se move devagar, em velocidade constante, e atravessa o mundo milhões de vezes. Logo, tenha sempre grandes reservas de paciência. O escritor e jesuíta Baltasar Gracián proporciona boas reflexões sobre esta temática: "Nunca se afobe ou nunca dê vazão às emoções. Domine-se e dominará os outros. Vagueie pelas vastas dimensões do tempo rumo ao centro da oportunidade. A hesitação sábia tempera os acertos e amadurece os segredos. A muleta do tempo é mais poderosa que a clava de aço de Hércules. Um maravilhoso ditado: O tempo e eu enfrentamos quaisquer outros dois. A sorte dá recompensas maiores àqueles que esperam". Pois a pressa é inimiga da conquista, "é paixão dos tolos a pressa: como não descobrem o fundamental, agem afobadamente. Os sábios, ao contrário, costumam pecar por hesitação, pois é da previsão que nasce o preparo. Os tolos não param ante nada, os sábios, ante tudo. Um lema grandioso: apressar-se devagar" (Baltasar Gracián).

Ademais, já foi vaticinado por sábios que o 11º mandamento que Moisés se esqueceu de colocar na Tábua dos dez mandamentos é o de que: *não precipitarás, não afobarás.* Logo, tenha calma e paciência. Não se apresse, não se afobe, não se precipite, porquanto, na sua luta para vencer é mais importante "a direção do que a pressa e a velocidade". Quanto mais pressa e precipitação numa direção errada, mais você se afasta do sucesso e da prosperidade.

E por falar em precipitação, conta-se que nasceu um bebê e, minutos depois, ele começou a falar: "Eu nasci para viver só quatro dias. Minha mãe vai morrer daqui a seis dias. Meu pai vai morrer daqui a quinze dias". Em 4 dias, o menino morreu. Em seis dias, a mãe morreu. O pai ficou apavorado porque o próximo seria ele. Vendeu tudo que tinha e gastou todo o dinheiro, com farras, bebidas e mulheres. Quinze dias depois, morre o vizinho.

A conclusão, a lição que se extrai como moral da história, é a seguinte: não se precipite, não se afobe, não tenha pressa. Tenha paciência, pois a precipitação pode jogar você num precipício, num abismo sem fim.

A IMPORTÂNCIA DO OTIMISMO E DA POSITIVIDADE NA REALIZAÇÃO DE SEUS SONHOS

Seguindo adiante nas reflexões sobre a trilha pessoal para a realização de seu sonho, é importante tratar de um tema que eu considero de grande relevância para a realização dos projetos de vida: o otimismo e a positividade.

É oportuno dizer que o otimismo consiste na certeza de que o melhor virá sempre, na esperança de que novas e melhores situações serão vivenciadas e desfrutadas. A máxima de Dwight D. Eisenhower, ex-presidente americano, continua a vigorar: "o mundo pertence aos otimistas: os pessimistas são meros espectadores". Em paralelo, Churchill dizia o seguinte: "o pessimista vê dificuldade em cada oportunidade; o otimista vê oportunidade em cada dificuldade". Desta maneira, aqueles que são otimistas demais acabam por não conseguir enxergar os problemas, as situações não previstas, os abismos a sua frente. E aqueles que são pessimistas em excesso acabam por se dar conta que o abismo é intransponível – ou seja, é impossível de se atravessar. Eu compartilho com um grande empresário brasileiro, Jorge Paulo Lemann, esta consideração: "eu nunca conheci nenhum pessimista bem-sucedido". E, realmente, não conheci até o instante alguém com grandes realizações que tenha um pensamento pessimista.

Nesse contexto de reflexão, existem duas maneiras de se encarar *qualquer coisa na vida*: de forma positiva ou de forma negativa. A positiva vai sempre lhe ajudar, dando ânimo e energia para seguir em frente. A negativa sempre vai lhe atrapalhar, anulando os seus esforços. É óbvio que você não pode conquistar tudo o que precisa e o que é necessário apenas com o "pensamento positivo". No entanto, pode fazer *tudo muito melhor do que se estiver com o pensamento negativo*. A positividade não faz você vencer sozinho, mas *sem ela é impossível obter vitórias*. Portanto, ser positivo não é uma questão de pensar de maneira alienada, achando que um "milagre" vai acontecer e resolver a questão que você precisa... Você tem que ser o milagre. É você quem deve fazer o seu milagre acontecer! Mesmo porque a "positividade nunca deve ser utilizada para negar uma realidade ou fugir de uma desafio, achando que tudo vai se resolver por conta própria" (Caio Carneiro).

Lembre-se de que por si só o nosso cérebro já tem um mecanismo chamado de "viés otimista" e implica propensão do cérebro humano em enxergar o amanhã como uma grande promessa, ou seja, o cérebro tem a capacidade de elaborar uma estratégia que faz com que os neurônios tendenciem ao otimismo, sobretudo para o futuro. (AD)

Por outro lado, a negatividade é "contagiosa como um vírus". Toda pessoa negativa tem um problema para cada solução. Para cada solução que se apresenta a pessoa negativa traz um novo problema. Para essas pessoas, "não há o que fazer". Doutra parte, a positividade não é uma qualidade intrínseca ao ser humano, não é uma característica inata a ele. É uma habilidade que pode ser desenvolvida, adquirida e assumida como opção de vida. Portanto, é imperativo você desenvolver a positividade em você, pois vai fazer com que a sua vida seja muito mais prazerosa e vitoriosa. Ademais, "é muito fácil ser positivo quando as coisas estão dando certo, quando a sua família está com saúde e os seus negócios estão crescendo. A positividade deve ser utilizada quando o mundo ao seu redor está desmoronando. Neste momento é que este padrão de comportamento deve aparecer. É muito fácil ser positivo quando tudo está dando certo. Bom no bom é muito bom, quero ver bom no ruim ou bom no péssimo. O ano é composto de primavera, verão, outono e inverno. Temos que ter controle emocional e saber viver em todas as estações, não apenas no verão onde o céu está azul. O inverno chega e temos que saber conviver com ele" (Caio Carneiro). Se não temos controle emocional no inverno, nas crises e nos obstáculos, dificilmente conseguiremos superá-los.

A condição emocional sempre influenciará em nossa performance. O esporte nos mostra isso com muita propriedade – em especial o futebol. Quando, por exemplo, um jogador vai cobrar um pênalti em uma partida disputadíssima em uma final, naquele momento em especial, *importa mais a condição emocional do que a habilidade do jogador.* A performance em alto nível vem da capacidade de lidar com a estabilidade emocional em momentos de grande pressão ou estresse.

Entrementes, ser otimista e positivo é difícil e dá muito trabalho, porquanto a pessoa tem que estudar, se preparar, lutar e trabalhar duro. Por outro lado, para ser pessimista é muito mais simples, pois a pessoa não precisa fazer nada, apenas esperar que as coisas não aconteçam (Mario Sergio Cortella).

Eu defino o pessimista, o negativista como uma pessoa desprovida de qualquer coragem, um folgado, um fraco, um doente detentor de uma doença chamada de esquizofrenia mental. Muito mais radical que a minha é a definição de Mario Sergio Cortella que assevera que "pessimista é antes de tudo um vagabundo. A única coisa que o pessimista faz é sentar e esperar dar errado. Ele fala: 'Espera que você vai ver que não vai dar certo. Espera mais um pouco que você vai ver a merda que vai dar'".

Portanto, não deixe seus pensamentos negativos mandarem em você. Pois quem manda na sua mente e em seus pensamentos, positivos ou negativos, é você. De agora em diante, decida que quem irá mandar em seus pensamentos é você. Logo, qualquer pensamento negativo deve ser substituído por um positivo que lhe favoreça, já que é você quem manda em sua mente e pode escolher os pensamentos. Os pensamentos negativos podem lhe custar caro, principalmente em "energia e saúde". "Você tem o poder de controlar sua mente. Nenhum pensamento mora de graça na cabeça de ninguém... escolha então alimentar somente aqueles que o fortalecem e recuse-se a se manter concentrado nos que o debilitam e o prejudicam. Quando surgir em sua mente um pensamento negativo ou prejudicial a você simplesmente diga cancela. Este processo é chamado de 'pensamento poderoso'" (T. Harv Eker).

Finalmente, jamais poderemos permitir que pessoas *pessimistas e negativistas*, os chamados "matadores de sonhos", os "desaceleradores de pessoas", os que sofrem da doença, da patologia ou síndrome do

“O MUNDO PERTENCE AOS OTIMISTAS: OS PESSIMISTAS SÃO MEROS ESPECTADORES.”

DWIGHT D. EISENHOWER

vitimismo, do miseralismo, do sem sortismo ou do coitadismo, atrapalhem a realização de nossos sonhos. Devemos fechar os ouvidos e ignorar essas pessoas, que, por não terem coragem de sonhar, ousar, trabalhar e lutar, tentam nos convencer de que nós não temos esse direito. Façamos como "Ulisses, o herói grego, na Odisseia de Homero, que tampou os ouvidos ao canto das sereias que queriam lhe matar" (Carlos Wizard). Temos que aprender com as lições das águias. Elas não têm medo de voar sozinhas e em grandes alturas, isso nos ensina que temos que nos manter longe de quem só quer nos empurrar para baixo. É que "será necessário se afastar dos pombos para começar a voar com as águias" (AD). Ademais, "quando pessoas negativas começarem a sair da sua vida, coisas positivas vão começar a chegar" (Leandro Lima). Com efeito, afaste-se dos falsos amigos, pois, "para conhecermos os amigos, é necessário passar pelo sucesso e pela desgraça. No sucesso, verificamos a quantidade e, na desgraça, a qualidade" (Confúcio). Por fim, sejamos criadores de sonhos e incentivadores da realização deles, além de sermos aceleradores de pessoas, jamais matadores de sonhos ou desaceleradores de pessoas.

Nesta seara de análise, importa frisar que existe uma lei universal que ensina que "aquilo que focalizamos se expande". Logo, é você quem promove seu sucesso ou sua mediocridade, focalizando no sucesso ou na mediocridade. "A pessoa pessimista, negativista e que só faz se queixar torna-se um 'ímã de coisas ruins' vivo e pulsante. Nunca fique na companhia de pessoas que vivem reclamando, pois a energia negativa é contagiosa" (T. Harv Eker).

Nesse sentido, sejam otimistas, positivos, tenham autocontrole, autoconfiança e autoestima. Acreditem em vocês, pois tudo que desejarem na vida alcançarão, já que querer é poder. O pensamento positivo tem poder, mas o negativo tem muito mais. Quem acredita que vai falhar "precisa vencer o desafio de sua própria negatividade, esforço desnecessário". "Uma mente negativa não te permite ter uma vida positiva" (AD).

A IMPORTÂNCIA DA AUTOCONFIANÇA NA REALIZAÇÃO DE SEUS SONHOS

Sobre a *autoconfiança* é alvissareiro registrar que o mercado de trabalho está cada vez mais exigente. Com efeito, são inúmeras as características essenciais para quem quer ter sucesso. Entre essas características está a autoconfiança, que consiste em ter confiança em si mesmo. A autoconfiança é muito mais do que ter meros conhecimentos técnicos ou práticos, experiência de mercado etc. Trata-se de acreditar no seu potencial, se achar capaz de alcançar seus objetivos, acreditar em si mesmo. É uma característica necessária em tudo que fazemos. Pessoas autoconfiantes inspiram confiança e transmitem mais credibilidade. Acabam sendo mais influentes e poderosas.

A importância da autoconfiança está na capacidade de um profissional se sobressair em ambientes cada vez mais competitivos e que exigem uma postura diferenciada daqueles que almejam alcançar o reconhecimento pelo seu desempenho.

É que o fracasso chega para todos. A diferença será a maneira como você irá lidar com ele. Quanto mais autoconfiante se tornar, mais seguro você será em seu trabalho, na realização de seus sonhos e projetos. Logo, ignore críticas destrutivas e foque apenas seu autodesenvolvimento, dessa forma, você vai conquistar o que deseja e em pouco tempo.

Nesse sentido, pessoas autoconfiantes, cuja característica pode ser desenvolvida com o tempo, não recuam diante dos obstáculos que encontram no caminho pessoal e profissional. Não desistem jamais, mesmo quando tudo parece conspirar contra seus objetivos. Tomam para si a responsabilidade sobre seus atos e conseguem reunir forças para se levantar e seguir em frente. Sabem que podem chegar ao sucesso melhorando suas próprias estratégias. Cultivam bom humor, o que influencia no ambiente de trabalho, e procuram tentar aprender sempre mais para fazer o seu melhor. A história nos traz grandes exemplos de pessoas que falharam, mas que, por serem autoconfiantes, nunca desistiram: Walt Disney foi demitido de seu trabalho em um jornal por sua falta de imaginação e boas ideias; Abraham Lincoln perdeu sete eleições antes de se tornar Presidente dos Estados Unidos; Steve Jobs foi demitido da própria empresa; J. K. Rowling foi rejeitada por diversas editoras antes de conseguir publicar o primeiro livro de "Harry Potter". Jack Ma, fundador e presidente da empresa Alibaba, reprovou três vezes nos exames para a faculdade. Foi rejeitado dez vezes por Harvard. Candidatou-se trinta vezes a emprego, mas foi recusado por todos. Foi o único entre vinte e quatro candidatos rejeitados pelo KFC na China. O único entre seis candidatos rejeitados pela polícia. Mas, graças à determinação e à autoconfiança, criou a empresa Alibaba e se tornou o homem mais rico da China com uma fortuna de 39 bilhões de dólares. Finalmente, antes da fama, os Beatles fizeram uma audição com a gravadora Decca e foram recusados com a desculpa de que a guitarra elétrica estava saindo de moda e que eles não tinham nenhum futuro na música. Como bem sabemos, eles não desistiram: três meses depois foram contratados por outra gravadora e se tornaram fenômeno mundial. O que há em comum em todos esses exemplos é que eles não desistiram nunca e acreditaram em seu potencial e sua autoconfiança.

AUTOESTIMA E TRANSFORMAÇÃO DE SONHOS EM REALIDADE

A autoestima consiste na capacidade de a pessoa gostar de si mesma. É o julgamento que cada um faz de seu próprio eu. É importante registrar que a autoestima se forma ao longo da infância, com base na educação e no tratamento recebido dos familiares, amigos e professores. É de primacial importância o ambiente e o contexto em que a criança cresce, pois este meio pode edificar ou destruir a confiança dela. Se os pais tornam a criança um ser dependente, ela pode se tornar imbuída de falsas crenças, o que contribui para sua baixa autoestima.

Por outro lado, "se a criança tem uma capacidade inata para o aprendizado e é produtiva na escola, isto contribui automaticamente para sua autoestima. Nessa relação com a esfera educativa, incluindo o relacionamento com os colegas, vê-se este sentimento se desenvolver bem cedo. Neste momento a criança é facilmente influenciada e moldada pelos que a cercam, especialmente os pais, que são para ela o modelo de comportamento, a imagem em que ela se reflete. Assim se formam os elos de amor ou de ódio, que refletirão imediatamente na formação da sua autoestima. Se os filhos crescem em um ambiente depreciativo, em meio a zombarias e ironias, sua autoimagem será naturalmente inferior. Esse mesmo padrão pode se repetir na escola e com o círculo de amigos, o que reforçará este sentimento".*

Nesse contexto, é importante para a pessoa que está se desenvolvendo e buscando seu sucesso, de forma geral, utilizar do autoconhecimento, para realizar uma avaliação própria de si mesmo, com o objetivo de conhecer o seu próprio "eu". Isto é necessário para se conseguir certificar de seus aspectos positivos, valorizando as virtudes encontradas e, neste processo, também identifique os aspectos negativos, corrigindo-os. "Esse reconhecimento subjetivo torna o indivíduo mais apto a enfrentar os obstáculos e desafios do cotidiano,

---

* SUTERIO, Ana Paula Marques. *A relevância do trabalho do professor na formação da autoestima da criança na sala de aula*. Monografia (conclusão de curso) – Pontifícia Universidade Católica do Rio Grande do Sul, Porto Alegre, 2009, p. 34.

pois passa a conhecer seu potencial de resistência e a intensidade de sua coragem e determinação. Assim ele pode evitar as armadilhas que caracterizam a baixa autoestima, tais como a insegurança, a inadaptação, o perfeccionismo, as dúvidas, as incertezas, a falta de confiança na sua capacidade, o medo de errar, a busca incessante de reconhecimento e de aprovação etc. Fortalecido, o sujeito pode resistir aos fatores que provocam a queda na autoestima – crítica e autocrítica, culpa, abandono, rejeição, carência, frustração, vergonha, inveja, timidez, insegurança, medo, raiva etc." (Ana Lúcia Santana).

Há maneiras que podem elevar a autoestima dos indivíduos. Uma delas é o autoconhecimento. Ademais, eleva-se também a autoestima o simples ato de cuidar da aparência física com o objetivo de adquirir prazer ao olhar no espelho. Por outro lado, valorizar as qualidades, deixando de superestimar os defeitos, aprender com as vivências experimentadas ao longo da vida, saber desenvolver amor e carinho, ouvir a intuição acreditando que se tem o merecimento de ser feliz, de ser amado, bem como desfrutar os prazeres mais simples da vida, também constituem-se em formas de ampliar a autoestima das pessoas. Nesse contexto, "o indivíduo receberá mais tranquilamente os elogios e afetos, e aprenderá a retribuí-los, diminuindo sua ansiedade, tendo mais coerência em seus sentimentos, não terá tanta necessidade de receber a aprovação alheia, será mais flexível, sua autoconfiança crescerá, bem como seu amor próprio, sua produtividade profissional será incrementada e, acima de tudo, ele sentirá uma intensa paz interior" (Ana Lúcia Santana).

Logo, na busca pelo sucesso também é preciso ter consciência de suas qualidades e de suas fraquezas, ou seja, é preciso ter autoconhecimento e autoestima. A percepção que temos de nós mesmos precisa ser honesta para que possamos melhorar a cada dia.

Por conseguinte, temos que cultivar e potencializar o otimismo, a positividade, a autoconfiança e a autoestima em nossas vidas. Mister se faz sair do óbvio, do padrão, da caixa, do lugar comum e do piloto automático e viver sempre com otimismo, positividade, autoconfiança e autoestima. O cultivo do otimismo, da positividade, da autoconfiança e da autoestima estimula nossa "eficiência, resiliência e produtividade", nos levando a níveis mais elevados de desempenho.

O ESTUDO E A EDUCAÇÃO NA CONCRETIZAÇÃO DE SEUS SONHOS

Estimado guerreiro, eu já sonhei muitos sonhos e transformei vários em realidade, e o principal deles era vencer na vida. E a forma mais fácil de vencer na vida é pela educação e pelos estudos. A educação é a mais fácil forma de mobilidade e ascensão social, é instrumento transformador e libertador do indivíduo, além de ser instrumento que confere soberania, autonomia e independência a uma nação, daí a importância de todos estudarem, se qualificarem, e se atualizarem perenemente. "A educação é o ponto em que decidimos se amamos o mundo o bastante para assumirmos a responsabilidade por ele" (Hannah Arendt).

Importante ressaltar que a educação é um dos principais motores que move um país. É um dos principais elementos que ajuda um país a se desenvolver, crescer e enriquecer. Mas, de nada adianta, se o avanço educacional adquirido pelos indivíduos for usado apenas para passar em concursos públicos e conseguir um emprego público com estabilidade no governo. A educação tem que ser instrumento gerador de empreendedorismo, que, por sua vez, é instrumento gerador de negócios e de riqueza para um país. O cargo adquirido por meio de concurso público não gera riqueza para o país. Não estou dizendo que o indivíduo não deve adquirir conhecimento para passar em concursos públicos. Longe disso. Eu mesmo comecei minha vida de sucesso estudando para concursos públicos. Apesar de ter tomado pau em vários, obtive sucesso, em diversos, tendo ocupado vários cargos públicos por meio de concurso público, como o de Magistrado Federal do Trabalho, Procurador do Trabalho do Ministério Público da União e professor da Universidade Federal de Pernambuco. Mas afirmo que, na maioria das vezes, o concurso público não deve ser o único fim almejado do detentor do conhecimento. Mas, sim, apenas um meio para se conseguir um fim maior, qual seja o de empreender com o fim de gerar riqueza para a pessoa e principalmente para o país.

Quero ilustrar a importância da educação com os vídeos a seguir:

VÍDEO 6 – A história de Rivânia
https://goo.gl/4DSCPA
ACESSE PELO QR CODE

VÍDEO 7 – A história do garoto que levava seu irmão mais novo para a escola
https://goo.gl/HKy1Lj
ACESSE PELO QR CODE

A RESILIÊNCIA COMO ELEMENTO CRUCIAL PARA A CONCRETIZAÇÃO DOS SEUS SONHOS

Com efeito, informo para vocês que foi por meio da educação e de muito estudo que adquiri certo grau de conhecimento. E foi com muito trabalho e muita resiliência que consegui empreender e construir vários e importantes projetos em minha vida.

O estudo e muita resiliência me fizeram passar em diversos concursos públicos. Inicialmente, logrei êxito no vestibular de Direito da Universidade Federal de Pernambuco – UFPE. Trabalhava de dia,

"EU JÁ SONHEI MUITOS SONHOS E TRANSFORMEI VÁRIOS EM REALIDADE, E O PRINCIPAL DELES ERA VENCER NA VIDA.
E A FORMA MAIS FÁCIL DE VENCER NA VIDA É PELA EDUCAÇÃO E PELOS ESTUDOS."

JANGUIÊ DINIZ

estudava à noite, todos os dias, inclusive, sábados, domingos e feriados. Passei também em Letras na Universidade Católica de Pernambuco – Unicap, tendo me formado em Direito e Letras. Fui aprovado no cargo de Juiz Federal do Trabalho do Tribunal Regional do Trabalho da 6ª Região, tendo exercido o cargo por cerca de um ano. Aprovado, também, no cargo para Procurador do Trabalho do Ministério Público da União, tendo exercido o cargo por vinte anos. Aprovado no concurso para professor adjunto da Faculdade de Direito da Universidade Federal de Pernambuco – UFPE, tendo exercido o cargo por quase vinte anos. Aprovado também no processo seletivo para o curso de pós-graduação em Direito Processual do Trabalho na Unicap, em Direito Coletivo na Organização Internacional do Trabalho – OIT – com sede em Turim, na Itália e em Processo Civil na Escola Superior da Magistratura de Pernambuco, tendo concluído os três cursos e sido diplomado. Ademais, fui aprovado também nos concursos para ingresso no mestrado e doutorado da Universidade Federal de Pernambuco – UFPE, concursos que me proporcionaram ser mestre e doutor em Direito. Demais disso, a resiliência me permitiu escrever e publicar dezoito livros, além de centenas de artigos em diversas áreas do conhecimento humano, conforme o leitor pode ver no final deste livro. O estudo, o trabalho e a resiliência me permitiram também empreender, pois, inicialmente, criei o Bureau Jurídico – Cursos para Concursos, mas, para criá-lo e fazê-lo crescer, tive que vender o carro, uma linha telefônica, que na época valia dinheiro, e pagar todos os investimentos e dívidas com parte do salário que recebia como Procurador do Trabalho. O estudo, o trabalho, o empreendedorismo e a resiliência também me proporcionaram criar a Faculdade Maurício de Nassau, embrião do Grupo Ser Educacional, o maior grupo educacional do Norte e Nordeste e o quinto do país; ter fundado a Associação Brasileira das Faculdades

Isoladas – ABRAFI, da qual fui presidente por quase dez anos; ter sido vice-presidente da Associação Brasileira das Mantenedoras do Ensino Superior – ABMES, por dois mandatos e presidente também por dois mandatos; ter sido presidente do Fórum das Entidades Representativas do Ensino Superior; ter casado com uma das mulheres mais lindas e inteligentes do planeta e ter sido agraciado por ela e por Deus com três lindos filhos, além de ter podido ajudar meus pais e irmãos, me transformar num bom palestrante, apesar de ser extremamente tímido. Devo tudo isso ao estudo, ao trabalho, ao empreendedorismo e, principalmente, à resiliência.

Não quero que estas considerações sobre minha pessoa pareçam excesso de modéstia ou autoengrandecimento... Pelo contrário: digo isto para mostrar a potência de quatro forças extraordinárias e insuperáveis na vida pessoal: educação, trabalho, empreendedorismo e resiliência.

E por falar nessa potência que é a resiliência, é relevante fazer algumas considerações sobre ela... Segundo Leo Babauta, autor de um blog sobre hábitos zen no cotidiano, a resiliência consiste na capacidade de superar os problemas, desafios e adversidades que surgem na vida, conseguindo, dessa forma, adaptar-se e aprender com eles, sem ser tragado pelos mesmos.

É sabido e consabido por todos que todas as pessoas passam por inúmeras dificuldades e problemas diariamente, sejam grandes ou pequenos. Só não tem dificuldades e problemas quem já partiu desta vida. O que faz as pessoas superarem essas dificuldades e problemas é uma força extraordinária chamada resiliência.

A resiliência fez com que eu saísse de um estado de pobreza extrema nas cidades de Santana dos Garrotes, Paraíba, Naviraí – Mato Grosso do Sul e Pimenta Bueno – Rondônia e me transformasse num dos bilionários da lista da famosa Revista *Forbes*.

Assim como qualquer outra habilidade ou perícia, saiba que a resiliência não é intrínseca nem inerente ao ser humano. Ela pode ser desenvolvida gradativamente, desde que a pessoa aprenda a se nortear por alguns destes princípios fundamentais:

A – Qualquer que seja o problema, grande ou pequeno, veja o seu lado bom e aprenda com ele

Toda situação, de adversidade, erro ou fracasso, pode ser uma grande aprendizagem, um verdadeiro professor para o seu crescimento pessoal. Esforce-se para encontrar nela um aprendizado que te conduza a um nível de prazer e a alegria, mesmo porque cada dificuldade ou problema traz consigo um certo tipo de "fascínio". Todas as adversidades pelas quais passar, tenha elas como parte de seu crescimento pessoal. É que as jornadas de sua vida só valem a pena pelas dificuldades e adversidades que você vai passar. Veja-as como *parte de seu crescimento pessoal.*

Desta maneira, segundo Shawn Achor, devemos ver os problemas como desafios, não ameaças. Isto é conhecido como "cair para cima", ao invés do tradicional cair para baixo. Após cada falha, crise ou catástrofe três coisas podem acontecer: ou nada muda; ou a pessoa fica presa em um espiral negativo e mais coisas ruins acontecem; ou a pessoa fica mais forte do que nunca. A parte interessante de todo este processo é que sempre que algo ruim acontece o cérebro cria vários cenários e alternativas imaginárias. E a partir disto é que a pessoa deve assumir o controle. Ela tem que escolher e acreditar no cenário alternativo que vai fazê-la trabalhar mais em vez daquele que iria fazê-la desistir.

Nesse sentido, "o fracasso é sinônimo de sucesso se aprendermos as lições" (Malcolm Forbes). Há um expert da informática, Alan Kay, que diz que "se você não falhar em pelo menos 90% das vezes, seus objetivos não foram suficientemente ambiciosos". É que o sucesso é

90% feito de fracassos. Churchill dizia que o sucesso é ir de fracasso em fracasso sem perder o entusiasmo.

Ao se fazer uma análise histórica de algumas invenções e modelos de negócios, pode-se dizer que "nossos melhores sucessos vêm depois das nossas maiores decepções e fracassos" (Henry Ward Beecher). Henry Ford, grande empresário norte-americano e o primeiro a aplicar o conceito de montagem em série de automóveis, fez duas considerações importantes sobre este tema: "O fracasso ou insucesso é apenas uma oportunidade para recomeçar de novo com mais inteligência"; e "Quando tudo estiver parecendo ir contra você, lembre-se de que o avião decola contra o vento, e não a favor dele". Portanto, "se ainda estou respirando, ainda não estou derrotado" (AD).

Ademais, estimados realizadores de sonhos, aprendam com os erros dos outros. Aprender com os erros dos outros é mais barato e menos doloroso que aprender com os nossos. Mas, se errar, aprenda também com os próprios erros e levante-se mais fortalecido para não errar de novo.

B – Procure, dentro do possível, ser tolerante, flexível, maleável, complacente, condescendente e transigente com as situações adversas

A tolerância e a flexibilidade são qualidades que ajudam os seres humanos a viverem mais felizes. Se adapte a todas as situações para vencer na vida mais facilmente e ser mais feliz. Nesse sentido, escreveu Baltasar Gracián: "Epicteto diz que a mais importante regra da vida está em saber tolerar todas as coisas: com isso ele resumiu metade da sabedoria. E quem não sabe como aguentar os outros deve se recolher em si próprio, se é que consegue tolerar". Quando estiver numa adversidade, pergunte-se como é possível ser tolerante e flexível para sofrer menos. A aspereza, a rigidez, a dureza, a austeridade, a severidade, a inflexibilidade, a rudeza e o rigor trazem muitas frustrações.

C – Tenha compaixão e seja bondoso com o seu semelhante

Tenha sempre o sentimento da compaixão. Deseje sempre o melhor para você e também para o seu próximo, procurando ajudá-los *na medida do possível*. Um notável inventor americano, Buckminster Fuller, comentou que "a missão da nossa vida é acrescentar valor à vida das pessoas desta geração e das gerações seguintes". Há uma corrente de pensamento que diz que quanto mais gente nós damos apoio, mais sucesso se obtém nos planos mental, emocional, espiritual e, também, no financeiro (T. Harv Eker). É que "enquanto respirarmos é porque nossa missão ainda não chegou ao fim" (Richard Bach).

Entrementes, compaixão e bondade têm limite. Temos que levar em consideração sempre o princípio da razoabilidade, haja vista que: "a bondade que nunca repreende não é bondade: é passividade; a paciência que nunca se esgota não é paciência: é subserviência; a serenidade que nunca se desmancha não é serenidade: é indiferença; a tolerância que nunca replica não é tolerância: é imbecilidade" (AD).

Portanto, tenha compaixão. Saiba dar, mas também saiba receber. As pessoas ricas e de sucesso fazem isso, diferentemente das pessoas pobres e de pensamentos obtusos, que pedem muito e, apesar de pedir, não sabem receber. O prazer de receber é tão grande tanto para quem dá quanto para quem recebe. Toda vez que alguém o elogiar, por exemplo, agradeça sem, na mesma hora, retribuir a gentileza, haja vista que isso permitirá que você receba plenamente o elogio e se aproprie dele, em vez de devolvê-lo, garantindo à pessoa que o elogiou a alegria de lhe dar esse presente sem ter o desprazer de receber de volta (T. Harv Eker). Essa lição consiste na "crença do mérito e do demérito". Se sentir merecedor, ou não, do presente e metaforicamente do sucesso. Esqueça aquele jargão que diz "não mereço, mas agradeço". Pela crença do mérito e do demérito, você

"QUANDO TUDO ESTIVER PARECENDO IR CONTRA VOCÊ, LEMBRE-SE DE QUE O AVIÃO DECOLA CONTRA O VENTO, E NÃO A FAVOR DELE."

HENRY FORD

sempre merece e agradece porque merece. E, para ilustrar a compaixão, gostaria que visualizassem o vídeo a seguir:

VÍDEO 8 – Um exemplo de compaixão
https://goo.gl/v9aas7

ACESSE PELO QR CODE

O meu sonho grande, como o de Jorge Paulo Lemann, foi empreender e criar o grupo Ser Educacional.

O SONHO DE CRIAR UM GRUPO EDUCACIONAL

Meu estimado leitor... Eu já sonhei muitos sonhos e transformei vários em realidade. E o principal deles, para mim, foi "vencer na vida". E a forma mais fácil de vencer na vida é por meio da educação e dos estudos. A educação é a mais fácil forma de mobilidade e ascensão social. É o instrumento transformador e libertador do indivíduo, além de ser instrumento que confere soberania, autonomia e independência a uma nação. Daí a importância de todos estudarem, se qualificarem, e se atualizarem constantemente. A filósofa alemã Hannah Arendt menciona que "educação é o ponto em que decidimos se amamos o mundo o bastante para assumirmos a responsabilidade por ele". Por isto, gosto de ressaltar que a educação é um dos principais motores que move um país. É um dos mais fundamentais elementos que ajuda um país a se desenvolver, crescer e enriquecer. No entanto, de nada irá adiantar se o avanço educacional adquirido pelos indivíduos for usado apenas para passar em concursos públicos e conseguir um emprego público com estabilidade no governo, por exemplo. A educação tem que ser instrumento gerador de empreendedorismo, que por sua vez, é instrumento gerador de negócios e de riqueza para um país. O cargo adquirido por meio de concurso público não gera riquezas para o país. Não estou dizendo que o indivíduo não deve adquirir conhecimento para passar em concursos públicos. Longe disso! Eu mesmo comecei minha vida de sucesso estudando para concursos públicos. Apesar de ter reprovado em vários processos, obtive sucesso em tantos outros, tendo ocupado várias ocupações em cargos públicos ao longo de minha carreira, como, por exemplo, de Magistrado Federal do Trabalho, Procurador do Trabalho do Ministério Público da União e professor da Universidade Federal de Pernambuco. Por isto afirmo que, na maioria das vezes, o concurso público em si não deva ser o único fim a ser almejado para aquele indivíduo que é detentor do conhecimento. E sim somente um meio para conseguir um fim maior, qual seja o de empreender com o objetivo de gerar riquezas para as pessoas e principalmente para o país.

História do Grupo Ser Educacional

A criação do grupo Ser Educacional partiu de um sonho. Inicialmente, de criar o Bureau Jurídico – Cursos para Concursos e Congressos, cujo objetivo primacial era preparar profissionais para serem aprovados em concursos públicos nas áreas jurídicas, em especial no Ministério Público, na Magistratura e para Delegado de Polícia Civil e Federal e também para o mercado de trabalho. Ademais, visava também realizar congressos na área jurídica, ajudando a resgatar a história da velha Faculdade de Direito do Recife, da Universidade Federal, no Estado de Pernambuco, berço de juristas luminares e personalidades renomadas, como: Clóvis Beviláqua,

Ruy Barbosa, Tobias Barreto, Castro Alves, Pontes de Miranda, Gilberto Freyre e muitos outros. A criação da Faculdade Maurício de Nassau, hoje UNINASSAU, em agosto de 2003, embrião de todo o grupo Ser Educacional, foi senão que o prolongamento desse eterno sonho. Hoje, o grupo Ser Educacional possui mais de sessenta instituições de ensino superior presenciais em cerca de cinquenta cidades do Brasil, dentre faculdades, centros universitários e universidades, operando com as marcas UNINASSAU, UNINABUCO, UNAMA e UNIVERITAS, cerca de quatrocentos polos de ensino a distância, com média de 160 mil alunos e onze mil colaboradores. Atualmente, é uma empresa educacional com personalidade jurídica de Sociedade Anônima de capital aberto na Bovespa, ou seja, uma empresa pública não estatal.

Objetivos do Grupo Ser Educacional

A) Qualificar, preparar e educar o povo brasileiro oferecendo educação de qualidade

O Grupo forma hoje cerca de doze mil egressos todos os anos.

B) Promover e realizar projetos de responsabilidade social

É importante registrar que responsabilidade social consiste na responsabilidade que uma determinada pessoa física ou jurídica tem para com a sociedade de cumprir os seus deveres e os preceitos legais. Por seu lado, responsabilidade social empresarial consiste num sistema ou modelo de gestão empresarial que leva em consideração na gestão da performance e do desenvolvimento organizacional, além dos ativos ou indicadores tangíveis, também os intangíveis.

É que, antigamente, os modelos ou sistemas de gestão da performance ou do desenvolvimento organizacional baseavam-se, apenas, em indicadores econômicos, financeiros e contábeis, os chamados ativos ou indicadores tangíveis, como qualidade dos serviços ou produtos, preço competitivo e maximização do lucro.

Entretanto, hoje, muito mais que se preocupar apenas com os ativos tangíveis, as empresas devem estar preocupadas com o seu entorno e com a comunidade onde estão inseridas e devem levar em consideração, para a performance do desenvolvimento organizacional, não somente os ativos tangíveis, mas, também, outros que na atualidade são considerados imprescindíveis. São os chamados ativos ou indicadores intangíveis, como: **1) ambientais**: respeitar, preservar e ensinar a preservar o meio ambiente; **2) sociais:** comprometimento com a comunidade onde está inserida, promovendo ações para o bem da região; **3) culturais**: preservar e ajudar a preservar e divulgar a cultura regional e nacional; **4) éticos**: respeitar a legislação, a moral e os bons costumes – daí a importância do *compliance*, que significa conformidade com a legislação, a ética e os bons costumes, bem como das cláusulas contratuais anticorrupção etc.; **5) o capital humano e intelectual**: respeitar os direitos de todos os colaboradores, valorizando o seu trabalho e sua qualidade de vida e, acima de tudo, motivá-los; **6) marca**: cuidar, divulgar e preservar o valor da marca e do branding, valor inestimável de uma corporação.

Pelo sistema de gestão da responsabilidade social empresarial, existe maior valorização do relacionamento da empresa com todos os públicos envolvidos naquele negócio, seja interno ou externo, como os acionistas, os funcionários, os investidores, os fornecedores, os clientes e também o governo. Ele foi criado como forma de resgatar a função social da empresa, na medida em que valoriza a imagem institucional da marca, e objetiva de forma transcendental o desenvolvimento humano sustentável.

É importante registrar que nos dias de hoje cerca de 60% dos consumidores, seja de produtos ou serviços, punem aquelas empresas que não são socialmente responsáveis, preferindo instituições transparentes, que não se envolvem em corrupção, que respeitam o meio ambiente e a comunidade onde está inserida. Ademais, os profissionais mais preparados e qualificados escolhem trabalhar para aquelas empresas que respeitam os direitos de seus colaboradores e valorizam sua qualidade de vida.

Nesse sentido, existem hoje em dia inúmeras certificações que corroboram a atuação socialmente responsável das corporações. A título ilustrativo citamos a ISO 14000 que certifica as empresas que privilegiam ações de controle e preservação ambiental; a AA1000 que certifica as instituições que destacam a relação da empresa com todos os seus stakeholders; a SA 8000 que certifica as empresas cujas relações trabalhistas garantem a não existência de ações antissociais ou discriminatórias, como o trabalho escravo, infantil, de menores de quatorze anos etc.; a NBR16001 que certifica as empresas que têm políticas claras de *compliance*, que são compromissadas com a ética e se preocupam com a cidadania, com o desenvolvimento sustentável e com a transparência de suas atividades.

Nesse contexto, não é ocioso analisarmos com mais vagar cada elemento que compõe o conceito do sistema de gestão da responsabilidade social empresarial:

Indicadores ambientais. Uma empresa ambientalmente responsável trabalha diuturnamente visando a melhoria das condições ambientais da comunidade onde está inserida, lutando constantemente para minimizar riscos e ações agressivas à natureza, limitando o uso de recursos naturais e de descargas nocivas ao meio ambiente, construindo estações de tratamento de poluentes, reciclando produtos e lixo, investindo em tecnologias antipoluentes e procurando manter um estreito relacionamento com todos os órgãos de fiscalização ambiental.

Indicadores sociais. A responsabilidade social em relação à comunidade ocorre quando a empresa respeita os valores, os costumes, as culturas e as crenças da comunidade local, investindo em melhorias sociais, realizando projetos comunitários e disseminando os valores sociais para com seus habitantes. É que na sociedade em que vivemos, as empresas passaram a ser responsáveis pelo desenvolvimento da comunidade e da sociedade onde está inserida, devendo levar benefícios para a comunidade como forma de justa contrapartida pelo impacto que ela cria. Nesse sentido, é de extrema importância que adotem ações que aumentem o bem-estar comum dos habitantes daquela comunidade.

Indicadores culturais. Na contemporaneidade, as corporações devem envidar esforços para criar, preservar e divulgar a cultura local e regional, haja vista que a cultura de uma região é de extrema importância para a história de uma sociedade.

Indicadores éticos. Ética empresarial consiste no respeito aos valores, à legislação, a moral e aos bons costumes compartilhados pela sociedade no âmbito da organização. Nesse contexto, o *compliance* e as normas contratuais anticorrupção devem ser sempre guias a serem observados por todos os que fazem a organização empresarial, sejam os acionistas, os gestores, os colaboradores, os fornecedores e até mesmo os clientes.

Nesse em particular, é alvissareiro vaticinar que o empreendedorismo não é apenas um conceito econômico, não consiste apenas em se criar empresas. Segundo Fernando Dolabela: "O empreendedorismo, muito mais que isso, possui uma conotação social, cujo conteúdo ou preceito ético é gerar utilidade, benefícios, e valor positivo, não só para os acionistas ou colaboradores da empresa, mas, principalmente, para todos os participantes da comunidade onde a empresa está inserida. Com efeito, no empreendedorismo, a ética é um preceito fundamental, já que o empreendedorismo constrói ou destrói, acrescenta ou diminui. Quando não há conteúdo ou preceito ético no empreendedorismo, o empreendedor pode estar do ponto de vista legal criando uma empresa, mas essa empresa poderá subtrair ou destruir valores da sociedade". Ex.: banca de jogos, casas de prostituição etc. Portanto, ser empreendedor, muito mais que criar empresas, é investir, também, em ações que ajudem a criar uma sociedade compromissada com o bem-estar social e com a igualdade de oportunidades.

Capital humano e intelectual (colaboradores). Os recursos humanos, também chamados de capital humano ou intelectual de uma organização empresarial, constitui-se no diferencial de qualquer instituição. Só ele é capaz de inovar e, por via de consequência, levar a instituição ao sucesso ou ao fracasso. Desta forma, mister se faz prepará-lo, capacitá-lo, valorizá-lo e motivá-lo para que a empresa sobreviva e cresça com sustentabilidade e perenidade.

Uma empresa age de forma socialmente responsável em relação ao seu RH quando, a partir da seleção ou recrutamento, o faz com transparência e retidão, oferecendo igualdade de condições e oportunidades para todos, independentemente de raça, cor, religião, sexo ou idade. Após a celebração do contrato de trabalho ou de prestação de serviços, conforme o caso, oferece salários compatíveis com o mercado, investe em treinamento para o desenvolvimento profissional, estimula a qualidade de vida, proporciona segurança no local de trabalho, institucionaliza regras transparentes de comunicação, de aposentadoria etc.

Marca. Uma corporação empresarial age de forma socialmente responsável em relação a sua marca quando cria, preserva, divulga, valoriza e respeita o valor inestimável do branding fazendo com que a sociedade a veja como um símbolo que gera atributos e valores que enaltecem e engrandecem a comunidade.

Clientes e consumidores. A preocupação com o consumidor no Brasil ganhou bastante relevo a partir da publicação do Código de Defesa do Consumidor. Nesse sentido, a responsabilidade social em relação aos clientes e consumidores está relacionada ao desenvolvimento de produtos e serviços de qualidade, honestos, confiáveis e que não provoquem danos à saúde. É que a dimensão social do consumo é muito mais importante que políticas de marketing e de comunicação. Elas devem sempre ter caráter informativo, elucidativo e educativo do produto ou serviço, jamais podendo exceder as expectativas do consumidor em relação ao que realmente é ofertado. Ademais, é imperativo não provocar desconforto ou constrangimento ao consumidor.

Fornecedores e parceiros. Os fornecedores devem compartilhar dos mesmos valores da empresa, adotar posturas semelhantes, pois são uma extensão da empresa. Com efeito, a escolha dos fornecedores deve basear-se em critérios claros e transparentes, valorizando os processos licitatórios e a livre concorrência.

Responsabilidade social das instituições de Ensino Superior. Historicamente, as instituições de Ensino Superior constituem-se em espaços nos quais se discute a evolução da humanidade, realiza pesquisa, extensão e transmite conhecimento de qualidade para formar e capacitar os recursos humanos necessários para o desenvolvimento

“NO EMPREENDEDORISMO, A ÉTICA É UM PRECEITO FUNDAMENTAL, JÁ QUE O EMPREENDEDORISMO CONSTRÓI OU DESTRÓI, ACRESCENTA OU DIMINUI.”

FERNANDO DOLABELA

das nações. Entretanto, cada vez mais elas estão preocupadas com a sobrevivência do planeta Terra e, para tanto, têm discutido e agido em prol das chamadas "ações conscientes", que respeitem e protejam a sustentabilidade, em especial ao meio ambiente.

Entretanto, a principal forma de responsabilidade social das instituições de Ensino Superior constitui-se no oferecimento de educação de qualidade para formar, qualificar e capacitar os recursos humanos, o capital intelectual, as cabeças pensantes imprescindíveis para o desenvolvimento das nações. É que as chamadas ações comunitárias ou formas de intervenção social, que são de primacial importância, embora também se constituam em ações de responsabilidade social, são apenas formas secundárias ou acessórias de responsabilidade social das instituições de Ensino Superior.

A instituição de Ensino Superior socialmente responsável é aquela que, além de formar profissionais para o mercado de trabalho, realizar projetos de pesquisa e extensão, gerar e transmitir novos conhecimentos, oferecer ações comunitárias ou formas de intervenção social, exerce um papel social relevante diante das crescentes demandas sociais, objetivando colaborar na formação de pessoas que tenham consciência do seu papel no contexto social e utilizem o seu potencial criativo na transformação da realidade em que estão inseridas, na busca de uma sociedade mais igual.

O grupo Educacional Ser de Ensino Superior tem realizado projetos de pesquisa e extensão, gerando e transmitindo educação e conhecimento de qualidade para formar profissionais preparados e qualificados para o mercado de trabalho. Ademais, tem agido e se norteado sempre por normas de conduta que dizem respeito ao comprometimento ambiental, social, cultural, ético, da valorização do capital humano e intelectual e preservando os valores de suas marcas. Outrossim, vem realizando diversos projetos e ações de intervenção social comunitárias onde suas instituições estão inseridas, e citamos algumas ilustrativamente: **1) faculdade na comunidade** (semestralmente os alunos de diversos cursos vão para as comunidades oferecer serviços inerentes às suas áreas de conhecimento); **2) crucifixo automotivo** (conscientização da população para combater a imprudência no trânsito); **3) impostômetro** (divulgação da arrecadação de impostos no Brasil para a população se conscientizar e cobrar retorno dos governantes); **4) praia sem barreiras** (criação de espaço acessível nas praias para portadores de deficiência); **5) capacita** (oferta semestral de cursos gratuitos de aperfeiçoamento profissional para a comunidade). Ademais, o grupo Ser Educacional oferece mais de onze mil empregos diretos e milhares de indiretos, oferta milhares de bolsas de estudos, forma cerca de quinze mil egressos todos os anos e paga anualmente milhões de reais em impostos ajudando a desenvolver as comunidades onde os seus campi estão inseridos.

Governança corporativa

Sobre este tema, é importante tecermos algumas considerações. Governança corporativa consiste na implementação de uma gestão profissionalizada com a utilização de processos sistematizados e estruturados, conduzidos por um Conselho de Administração composto por membros internos e externos independentes, cujo objetivo é gerir o empreendimento, passar as principais diretrizes para os administradores executivos no afã de dar sustentabilidade e perenidade ao negócio, proteger os acionistas e buscar rentabilidade.

Desde a fundação do grupo Ser Educacional, em agosto de 2003, iniciamos a empresa com uma gestão profissionalizada, adotando uma governança corporativa efetiva, com a utilização das melhores práticas e princípios. Inicialmente, por meio de um Conselho

Consultivo, depois transformado em Conselho de Administração. O Conselho de Administração do grupo tem proporcionado excelentes discussões sobre os diversos temas educacionais brasileiros e, principalmente, sobre as melhores e mais saudáveis formas de gestão da empresa. Isso nos ajuda sempre, na qualidade de acionista controlador, a tomar as melhores decisões. Outro ponto importante da governança corporativa implementada na empresa foi contar com um Fundo de Investimento, investido na empresa de 2008 a 2013, como sócio minoritário, antes da abertura de capital. Ademais, contar com os investimentos do IFC, braço do Banco Mundial, como um dos nossos financiadores e sócios nos ajudou, sobremaneira, a amadurecer e fazer crescer a empresa e implementar as melhores práticas de governança.

A utilização de melhores práticas e princípios de governança corporativa nos impôs a criar, por iniciativa do próprio Conselho de Administração, o Conselho Fiscal, os Comitês de Estratégia, Finanças, RH etc.

No particular, alguém poderia afirmar que inexiste profissionalização nas empresas que possuem familiares dos sócios trabalhando. Sobre esse assunto, é importante afirmar que não há que se confundir empresa familiar – que possui vários familiares como sócios e cujos sócios também trabalham como gestores da empresa – com aquelas empresas que têm membros das famílias dos sócios, inclusive do controlador, trabalhando, mas apenas como profissionais habilitados e competentes e que observam todas as regras objetivas de governança, de partes relacionadas e de *compliance*. No primeiro caso, podemos dizer que inexiste uma profissionalização ampla, efetiva e eficaz da gestão. Entretanto, no segundo, a profissionalização ampla e eficaz existe. É que a profissionalização de qualquer empresa não significa expurgar totalmente a família do negócio. Se fosse assim, não existiriam membros da família Moraes no Grupo Votorantim, membros da família Gerdau na empresa Gerdau e membros da família Marinho na TV Globo etc., e nem por isso esses conglomerados empresariais deixam de ser considerados profissionalizados.

COMO SOBREVIVER, CRESCER, TER SUCESSO E PROSPERIDADE NA SOCIEDADE DIGITAL E DISRUPTIVA?

Sobre o tema criatividade e inovação, precisamos fazer uma breve digressão de importância capital.

A pergunta que nos é imposta é a seguinte: como sobreviver, evoluir, desenvolver-se, crescer, conquistar, progredir, ter sucesso, prosperidade, vencer na vida com felicidade plena e em abundância nesta nova era, nesta nova sociedade que deixou de ser meramente globalizada, mundializante, aldeia global, para se transformar numa sociedade tecnotrônica, tecnológica, digital, disruptiva e cheia de desafios?

Hoje, os competidores das pessoas físicas não são mais apenas aquelas pessoas domiciliadas na sua cidade, no seu estado, na sua região ou no seu país. São aquelas que têm domicílio mundial, ou seja, que vivem em qualquer parte do planeta, em virtude da aldeia global. Além disso, de acordo com um estudo realizado pela consultoria Ernst & Young, até 2030, cerca de 70% dos empregos que existem hoje devem ser substituídos por tecnologia inteligente e automação, o que equivale dizer dois em cada três postos de trabalho. Nada obstante, inúmeras outras formas de trabalho e emprego também estão sendo criadas, em virtude do surgimento destas novas tecnologias, inteligência artificial e automação. Nessa perspectiva, elencamos, ilustrativamente, as principais profissões que estão com os seus dias contados e as novas que já fazem, ou, em breve, farão parte de nossas vidas.

"COMO SOBREVIVER, TER SUCESSO, PROSPERIDADE, NESTA NOVA SOCIEDADE QUE DEIXOU DE SER MERAMENTE GLOBALIZADA PARA SE TRANSFORMAR NUMA SOCIEDADE TECNOTRÔNICA, TECNOLÓGICA, DIGITAL, DISRUPTIVA E CHEIA DE DESAFIOS?"

JANGUIÊ DINIZ

Profissões que podem acabar nos próximos anos

1) Piloto de avião. Hoje, os sistemas de computadores já pilotam as aeronaves na maior parte do tempo. A interferência humana acontece, apenas, nas etapas de decolagem e pouso. Diante disso, estima-se que a profissão será automatizada entre os anos de 2025 e 2030, com o objetivo de implementar maior nível de segurança para os passageiros e para as companhias, já que a máquina erra menos que o ser humano, além de gerar uma economia anual da ordem de US$ 35 bilhões. Assim como os autocarros, ou carros autônomos, que em algumas cidades já estão em funcionamento (existindo até Uber autônomo), o futuro será permeado por máquinas voadoras autônomas, inclusive, já em teste por diversas empresas de aviação.

2) Anestesista. Em um futuro próximo, quem aplicará as anestesias serão as máquinas inteligentes e isso proporcionará um barateamento substancial do valor das cirurgias, além de maior segurança. Estima-se que a profissão será automatizada até o ano 2025. A empresa Johnson & Johnson já criou um robô intitulado Sedasys para aplicar anestesia, que já está em fase de teste.

3) Contadores e auditores. Nos dias de hoje, em virtude da digitalização dos processos e dos livros contábeis, além do uso de *blockchain*, todas as transações contábeis, em quase todas as nações, são publicadas instantaneamente para proporcionar aos fiscos dos países maior arrecadação e evitar fraudes. Estima-se que, em um futuro próximo, até, no máximo, 2030, todas as tarefas dos contadores serão automatizadas, tornando obsoleta e desnecessária a mão de obra humana.

4) Recrutador de talentos, ou headhunter. A automação, com poderosos algoritmos de inteligência artificial, com muito mais capacidade de armazenamento de dados, substituirá, até 2023, todos os recrutadores de talentos, ou headhunters. É que essas máquinas, por meio da avaliação de fotos, vídeos, posts e diversos outros dados armazenados, podem selecionar com muito mais acurácia o perfil do candidato demandado para determinado cargo.

5) Advogados ou assistentes jurídicos de determinadas especialidades. Solução de inteligência artificial, a exemplo do computador Watson da IBM, já consegue fazer pesquisa jurídica e realizar tarefas repetitivas de análise de processos, legislação, doutrina e jurisprudência com mais eficiência e acurácia que muitos advogados em início de carreira. Logo, estima-se que, até 2025, algumas especialidades da profissão de advogado serão automatizadas, fazendo com que apenas aquelas tarefas jurídicas que dependem de interpretação subjetiva sejam executadas por seres humanos.

6) Corretores de seguro e analistas de risco. Muitos serviços outrora realizados por corretores de seguros e analistas de risco, como cotações, cálculos de prêmio, custos de apólice, avaliação de riscos individuais e coletivo etc. já estão sendo feitos por sistemas e machine learning dos computadores inteligentes. Logo, estima-se que a profissão será toda automatizada até o ano de 2025.

7) Analista de investimento. Na atualidade, os robôs que operam em alta frequência no mercado financeiro americano de ações já fazem mais de 50% das operações diárias das transações financeiras. Nesse sentido, estima-se que a profissão será totalmente automatizada até o ano de 2023. Com efeito, a competição não será mais pelo melhor analista, mas pelo melhor algoritmo, capaz de entender as condições do mercado e tomar as melhores decisões de investimento.

8) Analistas financeiros. Estudiosos do assunto estimam que esta profissão será totalmente automatizada até o ano de 2027, uma vez que, já hoje, existem softwares de análise financeira que utilizam inteligência artificial muito mais eficazes e efetivos que os profissionais humanos, com um índice de acerto muito superior.

9) Operador de telemarketing. Hoje, a maioria dos serviços de telemarketing já é realizada via autoatendimento digital on-line.

10) Árbitro de futebol e de outros esportes. Em breve, não apenas no futebol, mas, na maioria dos esportes, a tecnologia gerada pela inteligência artificial automatizada se encarregará de fiscalizar, apurar e solucionar qualquer evento ou dúvida em determinada competição e arbitrará o resultado final do jogo, tornando obsoleto o árbitro ou juiz ser humano.

11) Corretor de imóveis. A facilidade das relações comerciais, por meio de sistemas automatizados, vem desburocratizando profundamente o mercado imobiliário, tornando obsoletos esses profissionais.

12) Trabalhadores rurais. A utilização da automação agrícola nas lavouras, por controle via satélite, está diminuindo radicalmente a mão de obra nas lavouras, o que tornará obsoleta a mão de obra dos trabalhadores rurais.

13) Operador de caixa, motorista, carteiro, entregador etc.

As promissoras profissões do futuro

Como visto anteriormente, por força da inteligência artificial e da automação, muitas carreiras serão extintas. Entretanto, outras estão e serão criadas para suprir novas demandas e necessidades das pessoas e das companhias. Ilustrativamente, elencamos algumas que serão altamente demandadas:

1) Tutores de ensino a distância online (EAD). O ensino a distância não é mais considerado futuro, mas já é uma realidade. Por exemplo, hoje, no Brasil, cerca de 20% das matrículas no Ensino Superior já são feitas via EAD e, até 2025, estima-se que esse percentual chegará à casa dos 50%. A expansão do ensino a distância no Brasil não será apenas no Ensino Superior, mas também no Ensino Técnico, Ensino Básico, nos cursos livres e, principalmente, nas áreas desregulamentadas, como cursos para concursos, cursos de línguas etc. Daí a importância dos profissionais das salas de aula virtuais.

2) *Creators* ou *digital influencers*. Especialistas em produzir conteúdo para a internet, também conhecidos como *digital influencers*, ou influenciadores digitais.

3) Coach. O coach é o profissional que ajuda outras pessoas a evoluir em diversas áreas de suas vidas, mas, principalmente, em suas carreiras.

4) Personal trainer. O culto ao corpo tem aumentado a demanda por acompanhamento diário para o embelezamento do corpo.

5) Profissional de marketing digital. Profissional cada vez mais demandado para realização de publicidade voltada para a internet.

6) Engenheiro ambiental. Em face da política mundial de proteção do meio ambiente, esse tipo de profissional será cada vez mais essencial entre as profissões do futuro.

7) Engenheiro hospitalar. Na sociedade digital ou disruptiva, para cuidar da saúde das pessoas, os hospitais passam a utilizar cada vez mais tecnologias de ponta consagradas em máquinas digitais e automotivas. Nesse sentido, o engenheiro hospitalar será uma profissão de grande demanda nos próximos anos.

8) Desenvolvedores de softwares ou *development operations engineer*. Conhecido como *devops*, o *development operations engineer* ou engenheiro de desenvolvimento e operação de software é um profissional de TI com amplo conhecimento das etapas que envolvem o desenvolvimento e a operação do software, seja na execução dos processos, seja no planejamento do funcionamento, ou na organização e evolução de versões. É um profissional utilizado na engenharia de software e visa unificar o desenvolvimento de software (*Dev*) e a operação de software (*Ops*). São profissionais que criam a automação em todas as etapas da construção do software, desde a integração, teste, liberação, até a implantação nas máquinas inteligentes. O profissional é responsável por desenvolver e cuidar do processo de operação do software, otimizando e automatizando o monitoramento das fases de construção, integração, teste e liberação do software para implantação, além de gerenciar a infraestrutura necessária para sua completa operacionalização. Com visão ampliada sobre os processos, atualmente é essencial, especialmente em empresas que utilizam softwares em etapas críticas de sua operação e que precisam de constante atualização. Apesar de estarmos entrando em uma era em que a inteligência artificial e os chamados frameworks de programação em alto nível farão com que o próprio software gere mais softwares, este profissional ainda será demandado por muito tempo.

9) Profissional da segurança da informação. É aquele profissional que cuida da segurança das informações digitais das empresas, para que elas não sejam invadidas, burladas ou fraudadas. Apesar de não ser novidade, a necessidade de profissionais especialistas em segurança da informação tem se ampliado cada vez mais rapidamente. Com conhecimento profundo das estruturas de hardware e software, este grupo de profissionais está sempre em busca de descobrir e corrigir vulnerabilidades e planejar e executar estratégias para proteger os dados, em todos os níveis do processo. Criptografia, políticas de segurança, medidas de controle e ferramentas de monitoramento são alguns dos processos que precisam ser dominados por estes profissionais, que, além de atualização constante, precisam sempre ver o mundo por dois lados: pelo de quem protege as informações e pelo de quem tenta conseguir, a todo custo, o acesso a informações às quais não tem propriedade, e isso implica o uso de engenharia social. São profissionais de grande demanda no mercado presente e muito mais no futuro próximo.

10) Cientista de dados (*data scientist*) ou analista de big data. O cientista de dados também é conhecido como analista dos negócios da empresa. É um profissional fundamental para encontrar sentido em meio ao universo cada vez maior de dados disponíveis. Este profissional, não necessariamente formado em TI, mas com visão holística, mente criativa e capacidade de resolver problemas complexos, analisa grandes volumes de dados, estruturados ou desestruturados, para obter informações estratégicas ao negócio. Esse procedimento permite encontrar padrões, fazer análises preditivas e serve de base para tomada de decisões mais precisas, assertivas e objetivas. Também é fruto das atividades deste profissional o desenvolvimento de aplicações de *machine learning* e inteligência artificial, com aplicações nas mais diversas áreas. Esta é, atualmente, a profissão com as melhores oportunidades de carreira.

11) Desenvolvedor de dispositivos *wearables*. "*Wearable*" significa "vestível". São óculos, lentes, relógios e outros equipamentos com algum tipo de tecnologia que facilita a vida das pessoas, cada vez mais presentes na sociedade. Profissional da área de TI com habilidades multidisciplinares e que atua com foco em desenvolvimento dos dispositivos vestíveis. Além de iniciativa e foco em inovação, é esperado deste profissional uma capacidade de enxergar necessidades antes mesmo que elas existam e de atuar em diversas etapas do processo, seja no planejamento de software, seja, por exemplo, no design do produto.

12) Profissional faz de tudo (*full stack developer*). O *full stack developer* é um profissional do mundo da TI com visão holística e domínio total de todas as áreas do processo de desenvolvimento, das mais profundas camadas de código até a interface com o usuário, passando pela gestão de servidores, a administração de bancos de dados e serviços na nuvem, entre outros. Tal domínio permite ao profissional oferecer um serviço mais completo e integrado, sem as limitações impostas por visões parciais dos processos. O termo, em tradução livre, significa "desenvolvedor de pilha completa", em referência ao termo de quase um canivete suíço. Ele ataca em todas as frentes, seja no desenvolvimento de *back-end*, na esfera de servidores, no banco de dados, na computação em nuvem, ou mesmo no *front-end*. Com conhecimento do processo como um todo, o desenvolvedor *full stack* é, hoje, uma excelente pedida para empresas que precisam de soluções completas com custo reduzido e máxima otimização. Mas encontrar este tipo de profissional, e com qualidade, não é uma tarefa fácil, pois o domínio exige encontrar soluções criativas e funcionais.

13) Engenheiro de visão computacional (*computer vision engineer*). O engenheiro de visão computacional é também um tipo de engenheiro de aprendizado de máquinas (*machines learning engineer*). É um cientista de dados que, por meio de sistemas, faz com que o computador reconheça imagens, sentimentos etc.

14) Profissional de construção de edifícios (*construction superintendent*). No Brasil, este profissional é qualificado por meio do curso tecnólogo de Construção de Edifícios. O papel deste profissional consiste em executar as operações diárias no canteiro de obras, controlar os cronogramas, a qualidade dos serviços terceirizados, coordenar os subcontratados, analisar as planilhas financeiras etc.

15) Arquiteto e engenheiro 3D. Na sociedade digital e disruptiva, muitos produtos, como sapatos, peças de avião etc. já estão sendo produzidos por meio das chamadas impressoras 3D, ou impressão tridimensional. Apenas para ilustrar a importância das impressoras 3D e desses profissionais, até um edifício comercial de seis andares foi recentemente construído na China com uma impressora 3D. Estima-se que, em, no máximo, dez anos, 10% de tudo que será produzido no mundo o será por meio da impressão tridimensional. Logo, a demanda por engenheiros e arquitetos nesta área se tornará cada vez mais intensa.

16) Gestor de inovação. Em face de, hoje, a inovação não ser mais diferencial, mas necessidade, existe cada vez mais a indispensabilidade de as empresas contratarem este tipo de profissional, cujo objetivo principal é repensar as principais estratégias para áreas específicas da empresa com o intuito de melhorar, mais e mais, o modelo de negócio da instituição, satisfazer e encantar cada vez mais o cliente.

17) Designer de realidade virtual. O aumento do acesso ao ambiente de realidade virtual, como, por exemplo, as visitas virtuais a museus, pontos turísticos e até a países, amplia a necessidade de profissionais criadores destas realidades.

18) Especialista em e-commerce (comércio eletrônico). Hoje, o comércio eletrônico, quer seja de produto ou serviço, está sendo ampliado em todos os níveis, por meio das empresas ou lojas virtuais, concorrendo na internet, passando a ser os maiores competidores das empresas tradicionais. Por isso, o profissional especialista em e-commerce tem uma grande longevidade.

19) Gestor de talentos. O gestor de talentos atua para ajudar pessoas possuidoras de certos tipos de talentos a ampliarem o seu sucesso. Este profissional atua analisando e potencializando os pontos fortes e combatendo os pontos fracos das pessoas talentosas, para capacitá-las a serem sempre melhores profissionais em suas carreiras.

20) Especialista em energias renováveis ou energias alternativas. A tendência mundial é buscar recursos energéticos alternativos que não gerem impacto ou dano ambiental. Com efeito, esse tipo de profissional será cada vez mais demandado.

21) Profissional integrador (*professional triber*). É o profissional detentor de habilidades e competências que são capazes de integrar e inter-relacionar pessoas em departamentos das empresas para que elas trabalhem em equipe e harmonia e desenvolvam melhor capacidade de performance. Ou seja, é o profissional especialista em unir pessoas de diferentes culturas em torno de um projeto comum para que a empresa tenha uma melhor performance organizacional. Esses profissionais geralmente trabalham como freelancers.

22) Cuidadores. A elevação da expectativa de vida da população, que hoje já chega à casa dos 80 anos, a aposentadoria tardia e a mudança do comportamento das famílias, que passam a controlar a natalidade e ter menos filhos, são exemplos que contribuem para o crescimento da demanda por estes profissionais.

23) Gestor de resíduos. A produção de resíduos sólidos, às vezes nocivos à saúde, vem aumentando substancialmente nas empresas, gerando a necessidade de profissionais que possam gerir estes produtos.

24) Instaladores domésticos (*smart house*). O aumento da demanda por casas automatizadas e inteligentes cria a demanda por profissionais especializados em tecnologia para cuidar desses ambientes domésticos automatizados.

25) Especialistas em experiência de usuário/cliente visando o sucesso do cliente (*customer success*). A função desse profissional é fazer com que o cliente tenha toda a assessoria necessária para adquirir o melhor serviço, ou o melhor produto. É um profissional muito requisitado nas empresas de venda pela internet ou e-commerce.

26) Profissionais de saúde mental. O modo louco de vida das pessoas, sempre no limite, tem aumentado consideravelmente os casos de depressão, que já é considerada a doença do século. Com base nisso, os terapeutas e psiquiatras passam a ser cada vez mais demandados, principalmente porque é muito pouco provável que surjam máquinas inteligentes ou robôs para substituir o cuidado personalizado que esses profissionais têm com seus pacientes.

27) Profissões voltadas para qualidade de vida. Também estarão em alta, já que as pessoas vão viver mais e estão se preocupando cada vez mais com a qualidade de vida.

28) Profissionais de jogos digitais (games). São aqueles profissionais que auxiliam a geração Y, ou *millennials*, e também a Z, ou *centennials*, a se divertirem, ou até a trabalharem, como é o caso dos atletas digitais profissionais.

28.1) *Streamer*. É, hoje, o "profissional" que faz, em tempo real, o comentário de jogos, atualidades e afins. Um grande exemplo no Brasil é o Felipe YoDa Noronha, mais conhecido como Nick YoDa, *streamer*, jogador profissional de League of Legends e empresário brasileiro. YoDa é o maior *streamer* brasileiro de audiência e um dos cinco maiores do mundo pela plataforma Twitch.tv. Foi campeão brasileiro pela Red Canids e vencedor do Prêmio eSports Brasil 2017 nas categorias Personalidade do Ano, Melhor Streamer e Craque da Galera.

28.2) *Filmmaker*. É o profissional que faz, produz e edita os conteúdos para os jogos digitais, os campeonatos e os *streamers*.

28.3) Coach ou preparador dos jogadores digitais. Fazendo uma analogia ao futebol, são os treinadores dos jogadores.

28.4) Designer de games. Aqueles profissionais que desenham e criam os jogos digitais etc.

Feitas essas considerações sobre as profissões que se tornarão obsoletas e as que permearão o mercado do futuro, é importante lembrar também que, se você quer abrir um negócio, antes, pergunte-se se o negócio poderá funcionar via smartphone, ou seja, se vai usar o smartphone como instrumento ou ferramenta. Se não funcionar, esqueça a ideia, pois, certamente, o negócio não irá se desenvolver e irá quebrar.

Recrudescendo o âmbito de observações, é importante lembrar, por outro lado, que as pessoas jurídicas, ou seja, as corporações empresariais, têm que ficar atentas às empresas de softwares ou programas de computadores, haja vista que as grandes concorrentes das empresas de hoje não são mais as empresas tradicionais que fazem a mesma coisa que a sua companhia faz. Trata-se de um novo exército de players que estão atacando os players tradicionais. São, na verdade, as empresas de softwares, ou empresas de programas ou ferramentas de computadores, como a Google, Apple, Microsoft, IBM, Amazon etc. Essas empresas de softwares irão, em pouco tempo, levar à bancarrota a maioria das empresas arcaicas e tradicionais que existem, caso elas não adotem, de forma rápida e eficaz, as inovações tecnológicas que estão surgindo. É que, segundo Marshall Goldsmith, "o que nos trouxe até aqui não tem o poder de nos levar para a frente". E, para tanto, gostaria que vocês assistissem a este vídeo sobre a mudança repentina das coisas no link a seguir:

ACESSE PELO QR CODE

VÍDEO 9 - Disrupção
https://goo.gl/66cW1J

Na realidade em que vivemos, assistimos diuturnamente a exemplos de programas ou ferramentas de softwares que levaram, ou estão levando, à falência empresas ou modelos de negócios tradicionais e seculares. Ilustrativamente, elencamos algumas abaixo:

1) Netflix, que consiste em um programa de computador ou ferramenta de software transmissor de filmes, faliu as locadoras.

2) Spotify faliu as gravadoras.

3) Google faliu muitas empresas e negócios como a empresa Listel, a empresa de Páginas Amarelas e, principalmente, as empresas de enciclopédias, como a Britannica.

4) Smartphone faliu as empresas que fabricavam câmeras e filmes de revelações fotográficas. Quem não se lembra da gigante mundial de revelação fotográfica chamada Kodak, dona da maioria do mercado mundial de revelações, que quebrou "no talo" em poucos meses após o surgimento do smartphone? Da falência da Kodak, surgiu um brocardo que todos os empreendedores e empresários têm pavor, que é "não queiram padecer da síndrome ou efeito Kodak". Além disso, os smartphones estão revolucionando a educação global. Hoje, já temos aparelhos como esses custando cerca de US$ 10 em quase todos os países de todos os continentes. Com efeito, em poucos anos, a maioria da população mundial possuirá um smartphone, o que lhe permitirá ter acesso à educação de muita qualidade transmitida pelas melhores universidades do mundo, de forma on-line e em sua língua nativa, em face aos programas de inteligência artificial de tradução.

5) **Waze** acabou com os aparelhos de GPS.

6) **OLX**, ferramenta de software de compra e venda, acabou com os classificados dos jornais.

7) **Nuvem** está acabando com a vida dos pen drives.

8) **Uber**, que não possui nenhum carro, hoje, já é a maior empresa de táxi do mundo e, em breve, se tornará a maior transportadora de todo e qualquer produto do planeta. Ela está acabando com os táxis tradicionais e vai acabar com as transportadoras tradicionais. Hoje, já existe Uber helicóptero, Uber caminhão etc.

9) **Airbnb**, que não possui nenhum imóvel, propriedade, ou leito de hotel, está complicando a vida dos hotéis e já é a maior empresa de aluguel de quartos e apartamentos do mundo.

10) **YouTube** está complicando a vida das redes de TV abertas e fechadas. É que os adolescentes não assistem mais a canais abertos de TV e assistem muito pouco aos canais fechados.

11) **Facebook** está complicando a vida dos portais de conteúdo.

12) **WhatsApp** está complicando a vida das operadoras de telefonia.

13) **As mídias sociais**, criadas por meio de ferramentas de software, estão complicando a vida dos veículos de comunicação.

14) **Tesla**, criadora de carros elétricos e autônomos, está complicando a vida das montadoras de automóveis tradicionais.

15) **Tinder** e similares, que viabilizam a marcação de encontros de relacionamento, estão complicando a vida das empresas de baladas.

16) Booking, encarregada de fazer reservas de turismo, está complicando a vida das agências de viagem.

17) Zipcar, que loca veículos, está complicando a vida das empresas de locação de veículos.

18) Os cartões Original e Nubank, que não cobram taxas do usuário e sobrevivem apenas das comissões cobradas da empresa vendedora do serviço ou produto, estão ameaçando o sistema bancário tradicional.

19) Os autocarros, carros autônomos, de autocondução, ou veículos sem motorista, que já estão sendo testados em alguns países e que serão elétricos, diminuindo grande parte da poluição e do barulho nas grandes cidades, nada mais são do que ferramentas de software sobre quatro rodas. A consequência dos carros autônomos e elétricos é melhorar as nossas vidas, pois haverá diminuição do número de veículos, de estacionamentos, de acidentes, de companhias montadoras de carros (algumas irão falir), e de seguros de carros (algumas seguradoras irão quebrar). Além disso, os jovens do futuro não terão mais carteiras de motorista.

20) Impressão em três dimensões, também chamada de impressão tridimensional, ou em 3D. A impressão tridimensional consagra o chamado "conceito da manufatura aditivada", que consiste na produção pela sobreposição de camadas de material, e não precisa de moldes, tornando o produto muito mais barato. Hoje, as impressoras 3D já são muito baratas e rápidas. As grandes companhias fabricantes de sapatos e de peças de avião já fazem impressão tridimensional de parte de seus produtos. Brevemente, os smartphones farão impressão tridimensional. Com efeito, como já falado, os especialistas afirmam que, em até dez anos, cerca de 10% de tudo que será produzido no mundo o será por meio da impressão 3D.

21) Moedas eletrônicas (*bitcoins*). Alguns especialistas asseveram que a moeda eletrônica *bitcoin*, ou outra qualquer, poderá vir a ser a moeda padrão mundial.

22) Fontes de energia renováveis. Num futuro próximo, as energias solar e eólica serão extremamente baratas. Com o baixo custo da energia, as nações terão, por exemplo, facilidade para dessalinizar a água dos mares e oceanos, gerando água potável para acabar com a sede de milhões de pessoas.

23) Longevidade. Dizem os cientistas que, na atualidade, a cada ano que se passa, a média de vida aumenta em três meses. A prova disso é que, em 2013, a expectativa de vida do ser humano era de 79 anos, e em 2018 já é de 80. Com efeito, continuando esta toada, no ano de 2036, o aumento da expectativa de vida será de um ano por cada ano que se passar e, por via de consequência, a população mundial terá expectativa de vida de pelo menos 100 anos.

24) Alimentação com proteínas de insetos. Na atualidade, 30% dos espaços das áreas de fazendas são utilizados para criação de animais produtores de proteínas como bovinos, suínos, caprinos, ovinos etc., cujo objetivo é alimentar a população mundial. Entrementes, segundo especialistas, é cientificamente comprovado que certos insetos possuem mais proteínas e de melhor qualidade que os animais citados. Logo, no futuro, muitas empresas irão extrair proteínas dos insetos para alimentar a humanidade.

25) Agricultura. A automação nas lavouras irá tornar a vida dos agricultores muito mais fácil, permitindo que eles apenas gerenciem as suas terras.

Automação e inteligência artificial

A inteligência artificial consiste na capacidade que os robôs modernos têm de aprender, perceber, pensar, raciocinar, deliberar e decidir de forma racional e inteligente como os seres humanos. O smartphone, que utiliza uma combinação de várias tecnologias, é um exemplo típico de inteligência artificial. A inteligência artificial, que faz parte da ciência da computação, utiliza-se dos conceitos de *Machine Learning, Deep Learning,* Processamento de Linguagem Natural etc. *Machine Learning*, ou aprendizado de máquina, que é o principal impulsionador da inteligência artificial, consiste na utilização de dados pelo robô para aprender com apenas o mínimo de programação. No lugar de programar regras para o robô e aguardar o resultado, com a *machine learning,* a partir de dados alimentados, a máquina aprende *essas* regras de forma autônoma e por conta própria. Exemplos disso são as recomendações personalizadas na Netflix e na Amazon. *Deep Learning,* ou aprendizado profundo, consiste na parte do aprendizado do robô que utiliza algoritmos complexos para imitar a rede neural do cérebro humano, na qual, com pouca ou nenhuma supervisão, objetiva aprender e adquirir conhecimento. Processamento de Linguagem Natural usa as técnicas de *machine learning* para encontrar padrões em conjuntos de dados puros visando reconhecer a linguagem natural. Exemplo é a análise de sentimentos, onde os algoritmos podem procurar padrões em postagens de redes sociais para compreender como os clientes se sentem em relação a marcas e produtos específicos.

O papel da inteligência artificial

Afirmam alguns especialistas que a inteligência artificial fará com que os computadores sejam, em pouco tempo, muito mais inteligentes que os seres humanos. Exemplo disso, já nos dias atuais, é o computador Watson da IBM que faz milhares de coisas milhões de vezes mais rápido e com mais acerto e acurácia que os seres humanos em diversas áreas do conhecimento. No campo da Medicina, por exemplo, o Watson auxilia os profissionais da Saúde no diagnóstico do câncer com, pelo menos, quatro vezes mais precisão que os profissionais humanos. No campo do Direito, o Watson responde a certas consultas jurídicas em muito menos tempo e com muito mais acerto que os advogados humanos (70% a 90%). Outro exemplo é a ferramenta de software denominada *Tricorder X*, que pode ser usada no celular, funcionando por meio da filmagem da retina do olho, ou na captação da respiração, ou com a coleta de amostra de sangue para fazer análise e descobrir qualquer doença.

A inteligência artificial consagra o que alguns chamam de "conceito da singularidade". Nesse sentido, importa afirmar que a definição mais simples do termo singularidade consiste na "qualidade de ser peculiar, único, incomum". Entrementes, a definição que nos interessa, no contexto, é a do campo da tecnologia. Na área da tecnologia, singularidade consiste no "ponto a partir do qual o progresso técnico ficará tão rápido e complexo que será incompreensível" (AD). Pelo conceito da singularidade, teme-se que as máquinas, por meio da inteligência artificial, sobrepujem a humanidade, ou seja, dominem os seres humanos no menor tempo possível, tornando-os escravos e, com isso, roubando o sentido da vida humana.

É também nessa linha o argumento de Kevin Kelly, fundador e executivo de um meio de comunicação prestigiado, de que, como os computadores, via inteligência artificial, já são capazes de vencer os humanos em jogos de estratégia, como o xadrez ou o Go, imagina-se que, brevemente, eles podem construir máquinas mais inteligentes do que eles próprios e, a partir daí, tornar a inteligência humana obsoleta.

Também nesse sentido, Bill Gates, fundador da Microsoft, há alguns anos já manifestava preocupação quando asseverou que a "humanidade deveria ficar alerta para a inteligência artificial antes que seja tarde demais". Ademais, Elon Musk, fundador e presidente da companhia Tesla, afirmou em algumas entrevistas e no documentário intitulado "Você confia no seu computador?" que "a inteligência artificial poderia ajudar a desencadear a próxima Guerra Mundial". "Esses supercomputadores poderiam se tornar um ditador imortal, mais perigoso que o da Coreia do Norte, e poderiam desencadear 'armas de terror' das quais nunca escaparíamos". É que, segundo ele, estamos indo rapidamente para a superinteligência digital, que excede qualquer ser humano. Os seres humanos já estão perdendo o controle sobre a tecnologia, dando-lhe poder e habilidades que a humanidade nunca poderá recuperar. Ele comparou a adoção da inteligência artificial à "convocação do diabo" e pede a proibição de robôs assassinos antes que as armas de terror sejam liberadas. Defende, outrossim, a necessidade de criar naves espaciais por meio da empresa de viagens espaciais SpaceX, com o objetivo de habitar outros planetas quando os robôs ficarem mais inteligentes que os seres humanos.

Ampliando o quadro de ponderações e ainda nesse mesmo sentido, Stephen Hawking já escreveu que "o sucesso em criar a inteligência artificial seria o maior evento da história da humanidade", mas poderia ser também o último, "a não ser que aprendamos a evitar os riscos".

Diante dessas argumentações catastróficas, surge a seguinte indagação: será que temos que temer a rebelião das máquinas, como no filme *Eu, Robô*?, baseado no clássico de Isaac Asimov?

Felizmente, para a maioria dos cientistas, a inteligência artificial não conseguirá dominar a Terra, apenas viverá cada vez mais "acoplada ao ser humano", como os carros autônomos, os aparelhos que se comunicam uns com os outros, os mascotes eletrônicos, os robôs enfermeiros, os campeonatos de futebol entre máquinas etc., mas sempre para o bem-estar e o deleite dos seres humanos.

Nesse sentido é o pensamento de Jack Ma, fundador da gigante chinesa Alibaba, quando assevera que, para obter sucesso na vida, a pessoa precisa de um alto QI (quociente de inteligência). Para resistir às adversidades do mundo e ser forte, a pessoa precisa de um grande QE (quociente emocional). Para entender este mundo, viver bem e ser respeitado, o ser humano precisa de um profundo LQ (quociente do amor). Com efeito, consigna ele que somente os seres humanos podem possuir o LQ. Nesse sentido, como o ser humano é, por essência, criativo, precisamos ensiná-lo cada vez mais, principalmente as crianças, a adquirir com profundidade algo único em sua vida que é o LQ. Logo, é necessário ensinar as crianças a praticar esportes, a praticar música, a aprender a desenhar, enfim, diversas formas de arte, pois fazem com que elas adquiram as chamadas habilidades pessoais e interpessoais mais comuns, como valores, crenças, sensibilidade, pensamento subjetivo, trabalho em equipe, cuidado com os outros etc. e, por via de consequência, o quociente do amor. Somente o quociente do amor diferencia o ser humano das máquinas, dos robôs, da inteligência artificial. As máquinas, por meio da inteligência artificial, nunca terão essa vantagem sobre o ser humano, nunca poderão superá-lo nesse aspecto, ou seja, nunca poderão possuir o coeficiente do amor, tão importante dádiva inerente apenas aos seres humanos.

Eu, particularmente, penso que, apesar de a inteligência artificial não ser capaz de possuir o quociente do amor, pois, se assim o fizesse, seria mais poderosa que os seres humanos, a humanidade pode, em poucas décadas, ser subjugada por uma geração de máquinas tão inteligentes, com uma capacidade extraordinariamente superior à capacidade humana.

Ampliando o cenário de considerações sobre as mudanças e as disrupções que estão acontecendo e não cessarão de acontecer no planeta, em face, principalmente, da inteligência artificial, não é ocioso, mas de extrema valia, trazermos à baila as previsões catastróficas realizadas no início de 2018 pela equipe de cientistas da Singularity University, instituição que foi fundada por Peter Diamandis e Ray Kurzweil no ano de 2008 na cidade de Santa Clara (Califórnia, EUA) e hoje tem se destacado no mundo acadêmico como uma das principais transmissoras de conhecimento, principalmente na área de tecnologia e inovação. A universidade prognostica que, de 2018 até o ano de 2038, haverá mudanças radicais nas vidas daqueles que habitam este planeta, conforme registramos a seguir:

2018. Segundo a previsão, a partir do ano de 2018, a Inteligência Artificial passará a ter sentimentos e emoções que serão incorporadas em interfaces de conversa. Com efeito, se, por acaso, houver alguma reclamação com o robô de inteligência artificial chamado de "Alexa" ou "Siri", por exemplo, ela poderá responder com frases do tipo: "Por favor, não grite assim. Está ferindo meus sentimentos". Ademais, a partir deste ano, existirão robôs inteligentes que já automatizam diversas tarefas manuais, com a consequente extinção de diversos empregos, além de passar a ser de fácil acesso e extremamente comum a existência de equipamentos de realidade virtual e drones.

2020. Pela previsão, a partir deste ano, passará a existir a internet 5G, entregando velocidade de conexão de 10 a 100 gigabytes para dispositivos móveis ao redor do mundo. Ademais, existirão carros voadores em operação em algumas cidades do mundo e a maioria dos centros médicos dos países desenvolvidos fará diagnósticos e recomendações terapêuticas baseados em inteligência artificial.

2022. A Universidade prevê que, neste ano, robôs conversarão naturalmente entre si, atuarão como recepcionistas e assistentes de lojas e escritórios e se tornarão algo normal em alguns lares de renda média, para fazer serviços domésticos, com capacidade de fazer, com muita clareza, leitura labial, reconhecimento facial e de gestos. Outrossim, impressoras tridimensionais conseguirão imprimir diversos produtos, como roupas, sapatos, materiais para montagem de casas e até altos edifícios etc.

2024. A previsão a partir deste ano é que o número de voos diários de drones chegará à casa de dez milhões. Esses drones passarão a entregar, de forma rotineira, pacotes nas residências e nos escritórios. Os robôs de superfície encaminharão essas encomendas de porta em porta. Demais disso, surgirão as primeiras missões privadas para o planeta Marte. Os primeiros contratos de energia solar e eólica de "um centavo por KwH". Cinquenta por cento das vendas de veículos no mundo serão de carros elétricos e será requisito para a conquista da maioria dos empregos saber trabalhar com inteligência artificial aumentada.

2026. Ela prevê para, a partir deste ano, que os veículos autônomos dominarão as rodovias mundiais e, consequentemente, a maioria das pessoas não possuirá mais veículos. Os veículos voadores de decolagem e aterrisagem vertical, que começarão a surgir em 2020, estarão em ampla utilização na maioria das grandes cidades do mundo. As regiões mais pobres do planeta terão disponibilidade de tablets para a população em troca de dados e direitos de e-commerce. Além disso, 8 bilhões de pessoas já se conectarão à internet em velocidades de 500 MBPS, quando os pais reclamarão de seus filhos por viverem em "outro universo" em virtude da realidade virtual, que se tornará onipresente.

2028. A previsão é no sentido de que robôs terão relacionamentos reais com as pessoas, inclusive para relações íntimas, mas também, dando suporte aos idosos, cuidando da higiene pessoal e da preparação de alimentos. Ademais, a energia solar e eólica representará quase 100% do consumo mundial, eis que a demanda mundial por energia não renovável, como petróleo, chega ao seu auge e começa a decrescer.

2030. Neste ano, está previsto que a Inteligência Artificial passará no teste de Turing. Isso significa dizer que os robôs poderão alcançar e até superar a inteligência humana em todas as suas dimensões. As emissões de carbono cairão rapidamente, ano após ano, já se prevendo que, na ocasião, haverá a assinatura de um tratado global para, até o ano de 2050, haver emissão zero de carbono. Outrossim, neste ano, os mais ricos e abastados poderão ter acesso ao que se chama de "velocidade de escape da longevidade", que consiste em dizer que, para cada ano de avanço tecnológico, será aumentada em mais um ano a expectativa de vida dos seres humanos.

2032. A previsão neste ano é de que robôs, com inteligência artificial, serão comuns em todos os locais de trabalho, eliminando todo e qualquer trabalho manual e interações repetitivas, como guias turísticos, recepcionistas, motoristas, pilotos, serventes, construtores etc. A maioria dos profissionais humanos terão alguma modificação cortical, como coprocessadores e comunicação web em tempo real. Demais disso, haverá a popularização de robôs avatares, permitindo que qualquer ser humano possa teletransportar sua consciência para locais remotos em todo mundo.

2034. Neste ano, se prevê que a Inteligência Artificial conseguirá solucionar problemas científicos complexos que requerem alto nível de realidade aumentada para entendimento. Com efeito, muitos problemas mundiais crônicos, principalmente de saúde, serão solucionados, como o câncer e a pobreza extrema, que ainda hoje assolam muitas regiões do planeta. No contexto, empresas como a Kernel farão conexões significativas entre o córtex humano e a nuvem.

2036. A previsão para este ano é de que as cidades inteligentes, que serão maioria no mundo, escalarão de forma global e serão altamente eficientes em utilizar energia solar, eólica, dentre outras que surgirão, para produzir e distribuir alimentos, oferecer segurança e transporte eficiente etc. Ademais, tratamentos para a longevidade se tornarão baratos, disponíveis e acessíveis rotineiramente, aumentando a expectativa de vida dos seres humanos em até 30 ou 40 anos.

2038. Por fim, a previsão para este ano é de que o dia a dia já não será mais reconhecível, pois a realidade virtual e a inteligência artificial alavancarão através do globo todas as partes da vida humana e, fatalmente, a vida humana não será a mesma... Não se pode dizer se será para melhor ou para pior. Mas, certamente e radicalmente, não será a mesma.

Portanto, meu caro transformador de sonhos em realidade, voltando para o mundo do empreendedorismo, essa nova era, que deixou de ser apenas globalizada, mundializante, a conhecida "aldeia global" está se transmutando em uma sociedade tecnotrônica, tecnológica, digital e disruptiva, que ensejará um acirramento da competição e da concorrência e isto afetará radicalmente a vida das pessoas físicas e jurídicas! Dessa forma, fica a indagação, a pergunta mais preciosa de acordo com essa conjectura: *Como sobreviver nesta nova era em que o mercado se mostra cada vez mais multiespecializado e competitivo?* A resposta, porém, não é simples...

Nesta nova era, tanto as pessoas físicas quanto jurídicas só conseguirão sobreviver, desenvolver-se, ter sucesso e prosperidade se o sujeito ou a organização (empresa) se reinventarem constantemente e em um ambiente de constante incerteza, de forma integral, em todos os seus aspectos.

REINVENÇÃO DAS PESSOAS FÍSICAS

As pessoas físicas só conseguirão sobreviver, superar os desafios e as adversidades, desenvolver-se, ter sucesso, prosperidade, vencer na vida e ser feliz em abundância por meio da qualificação e do aperfeiçoamento profissional constante e perene. A qualificação e o aperfeiçoamento profissional se obtêm adquirindo conhecimento e informação. Conhecimento e informação só se adquirem por meio da educação, eis que a educação hoje é universal e o conhecimento e a informação, chamados de capital intelectual, são muito mais importantes que os recursos materiais, como fator de desenvolvimento humano, considerados instrumentos de poder.

Nessa perspectiva, existe a crescente necessidade de os *próprios indivíduos* assumirem *mais responsabilidade por seus treinamentos e por suas vidas*, ou seja, se autocapacitarem e treinarem, com livros, cursos etc. É que "você tem que perceber seus ativos... e treinar o start up que há em você. Não cabe às empresas de consultoria treiná-lo; você pode fazer coisas produtivas no seu iPhone ou no seu iPad" (Cornelius Mcgrath). Não existirá segredos a partir de agora... Mesmo porque, o que mencionei acima é um destes segredos (ou aforismo) revelados neste mundo em constantes mudanças.

Portanto, caro amigo ledor, hoje, as pessoas que se destacam são aquelas que não se conformam com o comum, que não

“AS PESSOAS FÍSICAS SÓ CONSEGUIRÃO SOBREVIVER, SUPERAR OS DESAFIOS E AS ADVERSIDADES POR MEIO DA QUALIFICAÇÃO E DO APERFEIÇOAMENTO PROFISSIONAL CONSTANTE E PERENE.”

JANGUIÊ DINIZ

desistem no primeiro "não", vencem suas limitações, planejam com cautela as suas atividades, são proativas e buscam qualificação constante e continuada.

Profissionais multifuncionais e trabalhabilidade

O segredo para os profissionais terem sucesso e se destacarem no mercado de trabalho vai muito além da inteligência e do talento. Apenas o talento e a inteligência não são mais suficientes. O profissional da sociedade disruptiva tem que adquirir conhecimento. E não é qualquer conhecimento ou informação, mas conhecimento múltiplo, diverso, variado, multiespecializado e multifuncional, ou seja, que associe saberes em diferentes áreas e campos do conhecimento humano. Hoje, os profissionais têm que ser detentores de conhecimentos, habilidades, competências em diversas áreas para exercer diversas atividades ao mesmo tempo, para conquistar não apenas a empregabilidade, mas, sobretudo, a trabalhabilidade. São os chamados profissionais multiespecializados ou multifuncionais. Aqueles profissionais que tenham experiências pessoais, domínio de outras línguas (e, nesta seara, o inglês é imprescindível), lógica de raciocínio, que sejam capazes de compreender processos, resolver problemas, que tenham capacidade de liderança, sejam bons em relacionamento interpessoal, tenham visão global e, sobretudo, tenham valores éticos para garantir a trabalhabilidade, conceito que já contém a empregabilidade.

Logo, caros combatentes, para ter sucesso na aldeia global digital e disruptiva, as pessoas precisarão antecipar as mudanças e adquirir, além de conhecimentos técnicos, habilidades múltiplas, principalmente as que são extremamente valorizadas, como a criatividade e a inovação.

Ampliando a seara de considerações, não é ocioso relembrar que a empregabilidade é conceito dos anos 1990 e consiste na capacidade que o profissional tem em desenvolver habilidades e competências para enriquecer o seu currículo com o objetivo de conquistar uma carreira ou um emprego. Já a trabalhabilidade é um conceito dos anos 2000 e consiste na capacidade que o profissional tem em angariar conhecimentos, habilidades e competências para gerar trabalho e renda, seja como empregado celetista, seja como consultor autônomo, seja como empreendedor, além de todas as múltiplas formas de trabalho. Constata-se, portanto, que o conceito de trabalhabilidade é muito mais amplo que o de empregabilidade, haja vista que a empregabilidade está contida na trabalhabilidade, porquanto, o trabalho é muito mais amplo que emprego. Nesse sentido, é oportuno asseverar que a trabalhabilidade está inextricavelmente ligada ao empreendedorismo, uma vez que, nela, o profissional é "empreendedor de si mesmo".

É que o emprego formal está diminuindo a cada dia que passa e se transformando em trabalho. No Brasil, isso ocorre principalmente em decorrência da reforma trabalhista aprovada no governo de Michel Temer, que correu com o objetivo primacial de permitir maior flexibilidade nas relações de trabalho, ampliando as formas de terceirização no trabalho, criando o *home office*, o trabalho pago por período trabalhado, a possibilidade de a pessoa trabalhar para várias empresas etc., tudo isso com o fim principal de geração de empregos. Para ilustrar as relações de trabalho na sociedade em que vivemos, onde existe a predominância da geração Y, ou *millennials*, chegando à geração Z, ou *centennials*, indico assistirem ao vídeo da entrevista de emprego de um *millennial* por meio do link seguinte:

ACESSE PELO QR CODE

VÍDEO 10 – Entrevista de emprego com a geração Y ou *millennial* e z ou *centennials*
https://goo.gl/4HkzJ8

REINVENÇÃO DAS PESSOAS JURÍDICAS

Por outro lado, como as empresas na sociedade atual vão sobreviver oferecendo serviços e produtos para gerações com cabeças, procedimentos, atitudes e posturas totalmente diferentes da que estamos acostumados a ver? Antigamente, as gerações eram classificadas a cada 25 anos. Hoje em dia, no entanto, as coisas mudam cada vez mais rapidamente.

Apenas a título ilustrativo, rememoramos que, de 1940 a 1959, surgiu a geração Baby Boomers. As pessoas dessa geração têm, hoje, entre 60 e 78 anos. Essas pessoas vêm de um contexto pós-guerra, de ditadura e repressão. São, em geral, idealistas, revolucionários e coletivos. A linha do consumo é ideologia, vinil, cinema e música.

De 1960 a 1979, surgiu a geração X. São pessoas com idades entre 39 e 58 anos. Eles vêm de uma transição política, hegemonia do capitalismo e meritocracia. São, em geral, materialistas e competitivos.

De 1980 a 1994, surgiu a geração Y, ou *millennials*. As pessoas dessa geração têm entre 24 e 38 anos. É a geração mais influente e inspiradora da história, justamente por ser o público-alvo das grandes empresas, seja para prestar serviços, seja para vender produtos. Eles estão sempre conectados, defendem a sustentabilidade, são imediatistas, viram de perto e participaram da chegada da globalização e da expansão da internet. São abstratos, questionadores e globais. A linha de consumo é voltada para a experiência, viagens, festivais etc.

E, de 1995 a 2010, surgiu a geração Z, ou *centennials*, pessoas que têm, hoje, entre 8 e 23 anos de idade. A geração Z, também conhecida por Gen Z, iGeneration, geração das redes sociais, nativos digitais, plurais ou *centennial*, é aquela constituída por pessoas que nasceram durante o advento da internet e já não conseguem imaginar viver num mundo onde todas as coisas não estejam conectadas num ambiente on-line e com troca de informações em tempo real.

Estamos falando de uma geração hipercognitiva, capaz de viver múltiplas realidades, presenciais e digitais, ao mesmo tempo. É a geração que compreende o funcionamento das ferramentas melhor do que qualquer outra. Tudo isso, graças à tecnologia, que permite que os jovens vivam realidades diferentes e absorvam grande complexidade de informações. Ao contrário da geração Y, o uso intenso de aplicativos e da tecnologia que contornam problemas cotidianos, os membros da geração Z estão habilitados a eliminar fatores imprevisíveis do dia a dia.

Para essa geração prever, antecipar e simplificar são imperativos. Estes jovens são realistas ao extremo, práticos e em busca de satisfazer suas necessidades financeiras e enriquecimento pessoal, seja no campo emocional, sensorial ou ambos. São adeptos do pensamento lógico, autodidatas e responsáveis. Se pensarmos na carreira profissional, são desconfiados, pois não acreditam na ideia de exercer apenas uma função pelo resto da vida.

As principais características da geração Z são: responsabilidade social, ansiedade extrema, menos relações sociais, desapego das fronteiras geográficas e a necessidade de exposição de opinião. Vale lembrar que, além de ligados em tecnologia, eles são contestadores vigorosos, não ligam para definições de gênero, idade ou classe. São ativistas, compassivos e levam consigo a ferramenta do diálogo. Como consequência, essa é uma geração que busca a verdade para o consumo.

Diante de tantas características, vêm os problemas. O comportamento da geração Z traz um abismo entre ela e a geração anterior. A singularidade de seus membros irá exigir que cada consumidor seja reconhecido como único, justamente porque prevalece o "reino do eu". Instantaneidade, ansiedade e superficialidade são marcantes. Alguns indivíduos da geração Z sofrem se estão desconectados e podem sentir, por exemplo, da síndrome FOMO (*Fear Of Missing Out*), uma espécie de medo de perder algo que pode estar acontecendo e que saberia através da internet.

A verdade é que essa geração chegou ao mundo em um momento de contexto tecnológico totalmente diferente daquele em que viveram seus pais. Por isso, a adaptação natural tornou essas crianças predispostas a essa inovação. A geração Z não diferencia a vida on-line da off-line, trabalha com o conceito de *all-line* e quer tudo para agora.

Essa geração é quem vai ditar a forma como a "roda do consumo" de produtos e serviços irá girar nos próximos anos e, por consequência, como as empresas deverão agir. Eles possuem um alto poder de compra, além de grande poder de influência. Enquanto as gerações anteriores se adaptaram ao mundo digital, os *centennials* nasceram dentro desse mundo.

E, nesse caminho, todos precisam se adaptar. O comportamento tanto dos jovens quanto das organizações está em constante mudança e evolução. As empresas precisam estar atentas e ter flexibilidade para alinhar suas práticas e programas para estarem sempre atualizadas, colaborando na retenção e desenvolvimento de futuros talentos. Este é também o desafio das instituições de ensino: formar o aluno com a visão de um profissional versátil e conectado.

Com efeito, senhores leitores, as empresas ou pessoas jurídicas só conseguirão sobreviver neste mundo digital e disruptivo com lucratividade, sustentabilidade e perenidade, oferecendo serviços e produtos, principalmente para as gerações Y e Z, se, constante e diuturnamente, reinventarem-se em sua inteireza! É que, para existir nesta nova era, é mister conhecer uma máxima que foi citada por Charles Darwin que se encontra perfeitamente atual: "Não é o mais forte que sobrevive, nem o mais inteligente. Quem sobrevive é o mais disposto à mudança". Nessa mesma linha de pensamento, a reinvenção passa por diversas ações. A começar pela reflexão constante sobre como sobreviver em caso de ameaças radicais, indagando-se constantemente o que pode aniquilar a empresa e buscando respostas rápidas e eficazes. Em segundo lugar, é extremamente necessário viver em estágio constante de *esquizofrenia fecunda, rendosa e produtiva*, que consiste no processo em que todos os colaboradores da companhia vivam e trabalhem no mais alto índice de estresse lucrativo. Em terceiro lugar, imperativo se faz que a empresa não prescinda da utilização de modelos ou sistemas modernos de gestão para a performance organizacional, especialmente o chamado Sistema da Responsabilidade Social Empresarial, já referido anteriormente. Por fim, nunca deixar de utilizar a *criatividade* e, principalmente, a *inovação* na performance do desenvolvimento organizacional.

E estes dois temas, criatividade e inovação, por si só na sociedade tecnológica, tecnotrônica, digital e disruptiva em que estamos vivendo, são extremamente relevantes no contexto atual e por isso merecem uma explanação melhor sobre suas características:

“AS EMPRESAS SÓ CONSEGUIRÃO SOBREVIVER NESTE MUNDO DIGITAL E DISRUPTIVO COM LUCRATIVIDADE, SUSTENTABILIDADE E PERENIDADE, SE, CONSTANTE E DIUTURNAMENTE, REINVENTAREM-SE EM SUA INTEIREZA!”

JANGUIÊ DINIZ

Criatividade

Por meio da criatividade, o empreendedor identifica uma oportunidade e cria meios para persegui-la e realizá-la.

O século XXI será o século das criações e das mudanças. Nos últimos cinquenta anos, mais coisas foram criadas que nos últimos cinco mil anos. Nos próximos dez anos, mais coisas serão criadas e modificadas do que nos últimos cem anos. Daí a importância de as empresas incentivarem seus colaboradores em todos os departamentos a serem criativos, oferecendo, inclusive, premiações para os que mais se destacarem no item criatividade.

Para ilustrar a importância da criatividade, reproduzo uma história popular da qual faz menção ao uso da criatividade: Um pequeno fazendeiro lá do sertão de Pernambuco resolve colher algumas frutas conhecidas como "pinhas" em sua propriedade. Pegou um balde vazio e segue rumo às árvores frutíferas. No caminho, ao passar por um açude, ouve diversas vozes femininas. Por um instante ele acha que algumas moças devem ter pulado a cerca e estão tomando banho no lago de sua propriedade. Quando chega ao local, observa algumas garotas tomando banho. Todas nuas. Quando elas percebem a presença masculina, todas nadam até a parte mais profunda do açude e gritam: "Nós não vamos sair daqui enquanto o senhor não deixar de nos espiar e for embora". O fazendeiro pensa. Repensa. Logo em seguida, responde: "Eu não vim aqui para espiar vocês não, moça... Eu só vim aqui alimentar os jacarés!"

Qual a conclusão que se extrai desta simples história? Qual o sentido dessa passagem? É que a criatividade é o que faz a diferença na hora de atingirmos os nossos objetivos mais rapidamente e mais facilmente.

Inovação

Sobre o instituto da *inovação,* é alvissareiro ressaltar que muita gente ou muitas empresas acreditam que inovação está ligada apenas à utilização de novas tecnologias ou ao uso de estratégias de comunicação. Ledo engano. A utilização de novas tecnologia ou de estratégias de comunicação constitui apenas instrumentos ou aspectos de inovação.

Entretanto, a tecnologia, apesar de ser apenas um instrumento ou um aspecto da inovação, é um dos instrumentos mais importantes. As empresas precisam evoluir tecnologicamente em virtude da Revolução Digital, ou Quarta Revolução Industrial em que estamos vivendo. Elas têm, necessariamente, que migrar para o mundo digital, sob pena de padecer da síndrome ou da doença da antiga empresa Kodak.

Nesse contexto, embora o Brasil esteja entre as dez maiores economias do mundo, e seja a maior economia da América Latina e Caribe, do ponto de vista tecnológico, ocupa uma posição muito modesta na lista dos países mais inovadores do mundo. Enquanto a Suíça é considerada o país mais inovador, situando-se em primeiro lugar por sete anos seguidos, o Brasil ocupa a 69ª posição, atrás de todas as economias emergentes, como China, Turquia, México, Índia e África do Sul, de acordo com o Índice Global de Inovação (IGI), por meio de estudo realizado pela universidade de Cornell, dos Estados Unidos, em parceria com a Organização Mundial da Propriedade Intelectual (OMPI, ou, em inglês, Wipo) e que avalia o grau de inovação de 127 nações. Mesmo entre os dezoito países da América Latina, que tem o Chile em primeira colocação (46ª no mundo), e a Costa Rica em segundo (53º no mundo), o Brasil está posicionado apenas na sétima colocação.

"A INOVAÇÃO É O GRANDE CAMINHO PARA UMA REVOLUÇÃO PRODUTIVA."

AFIF DOMINGOS

A inovação, hoje, é tão importante para a sobrevivência da empresa que muitas companhias já estão criando departamentos de inovação e direcionando um percentual da receita líquida para investir neste setor, como sempre fizeram em relação à publicidade. Como exemplo, citamos o setor químico, petroquímico e farmacêutico, que já gasta cerca de 3,8% da receita líquida em inovação. Por outro lado, grande parte das empresas de serviço, incluindo as educacionais, também já está gastando cerca de 2% da receita líquida com inovação, o que mostra que está havendo uma mudança radical de tendência.

Com efeito, senhores guerreiros, "a inovação é um requisito primordial para uma sociedade sustentável. É uma questão imperativa para o Brasil se destacar como fator de competitividade" (Paulo Afonso, vice-presidente da Confederação Nacional da Indústria). Nesse mesmo sentido, "a inovação é o grande caminho para uma revolução produtiva" (Afif Domingos, presidente do Sebrae).

Apesar de o Brasil ter empresas líderes em inovação tecnológica, como a fabricante de aviões Embraer, considerada a empresa mais inovadora do Brasil na lista das 150 mais do anuário Valor Inovação Brasil de 2017, os recursos da União destinados a esse setor são baixíssimos, além de faltar um planejamento eficiente e eficaz do Governo Federal para promover a pesquisa da ciência e da tecnologia.

Apenas para ilustrar, é importante ressaltar que, antes do início do governo de Michel Temer, o Brasil já gastava pouquíssimo com inovação, ciência e tecnologia. Apenas cerca de 1% do PIB, que equivalia a cerca de R$ 5,8 bilhões. Esses recursos eram direcionados para o Ministério da Ciência, Tecnologia e Inovação. Na era Temer, além de haver uma fusão desse ministério com o das Comunicações, houve diminuição radical do orçamento para apenas R$ 3,2 bilhões, sendo que, R$ 700 milhões foram direcionados para o antigo Ministério das Comunicações, sobrando apenas R$ 2,5 bilhões para o de Ciência e Tecnologia, profundamente discrepante de países como os Estados Unidos, que gastam cerca de 2,7% do PIB; a China, também neste patamar; e a União Europeia, com gasto em aproximadamente 3%.

O Governo deveria lembrar que o orçamento para a Inovação, Ciência e Tecnologia deve ser considerado como investimento, jamais como gasto. Nesse contexto, é urgente que os governantes tomem medidas radicais para melhorar a capacidade do país em Inovação, Ciência e Tecnologia, sob pena de as empresas brasileiras serem profundamente penalizadas e não terem capacidade de competir em uma economia global.

É que as empresas que não conseguiram se reinventar e inovar faliram, foram engolidas ou incorporadas por outras, porquanto as fórmulas e os segredos de gestão de sucesso do passado se tornaram obsoletos e cederam às mudanças radicais do presente, pois não servem mais para o mundo globalizado, tecnológico, digital e disruptivo. Empresas que, no passado, foram exemplos de uma gestão bem-sucedida quebraram, ou foram incorporadas por outras. Citamos como exemplos as seguintes: Atari, que era líder mundial em games até os anos 1980 e quebrou em 2013, pois não conseguiu concorrer com a Nintendo; Polaroid, que era ícone no passado, foi à falência, pois não tem mais sentido carregar um grande equipamento para imprimir fotos na hora quando os smartphones fazem tudo; Blockbuster, rede americana de locadoras de vídeo, quebrou com a chegada da Netflix por não acompanhar a evolução tecnológica do mercado audiovisual para streaming; Kodak, empresa que popularizou a fotografia no mundo, quebrou em 2012, com o advento da fotografia digital, dando origem ao brocardo "Síndrome da Kodak", em referência às empresas que não conseguem acompanhar a revolução tecnológica e vão à falência.

Feitas essas considerações, é importante lembrar que, nos dias de hoje, a inovação não é apenas um diferencial da empresa, uma vantagem, mas é considerada uma questão de sobrevivência, uma das condições para permanecer no jogo competitivo e até mesmo a única fórmula de sobreviver. Com efeito, na atualidade, é imprescindível que a inovação esteja no DNA e na cultura da empresa, sob pena de ela chegar à falência, ou ser vendida para outra inovadora.

Entrementes, como já asseverado, inovação não consiste apenas em utilizar tecnologias modernas. Inovar no empreendedorismo, ou inovação empresarial, é muito mais que isso. É um modelo ou um sistema de gestão que consiste *na forma rápida e eficaz de constatar os desejos, os desafios, as demandas e as necessidades apresentadas pelos clientes, atuais e potenciais, e, com a utilização de todos os instrumentos legais e todos os meios eticamente lícitos, principalmente o tecnológico, solucioná-los, equacioná-los e superá-los de forma útil, econômica, efetiva, célere, surpreendente e encantadora*. Ou seja, inovar hoje é prestar atenção e escutar os clientes, identificar suas necessidades e desejos e atendê-las de forma surpreendente e encantadora por meio de todos os meios lícitos e legais utilizados no mundo do empreendedorismo. Daí a necessidade de valorizar e motivar o capital humano, as cabeças pensantes, o capital intelectual, único capaz de inovar.

Não podemos esquecer que, numa sociedade altamente conectada como a nossa, as relações de consumo têm mudado substancialmente e de forma bastante acelerada nas últimas décadas. Se, antes, para adquirir qualquer coisa, era necessário ir a uma loja; e, posteriormente, vieram as vendas por telefone; hoje, grande parte das transações é feita pela internet. Acontece que essas relações de consumo – e o próprio relacionamento das marcas com seus clientes – têm sofrido alterações não mais por causa das tecnologias (ao menos não diretamente), mas por mudanças no próprio perfil do público consumidor.

Como asseverado anteriormente, nas décadas de 1980 e 1990, surgiu a chamada geração Y, ou *millennials*, aqueles que viram de perto o boom da internet e das tecnologias de informação e comunicação (TICs). Hoje, eles, que têm entre 24 e 38 anos de idade, estão em idade economicamente ativa e formam boa parte da mão de obra nacional, ou seja, ainda têm influência sobre as relações de mercado. No entanto, já tem grande influência em qualquer mercado, a geração Z, ou *centennials*. Estes são os nascidos entre 1995 e 2010, que já vieram ao mundo em meio à tecnologia e cresceram com ela. São os chamados nativos digitais. É com esses que as empresas precisam se preocupar ainda mais e dedicar atenção e estudo.

As gerações anteriores se adaptaram às ofertas. Com a geração Z, de forma inversa, é o mercado que precisa se adequar a eles como clientes. Isso porque esse público está acostumado com a liberdade e as possibilidades de experiência personalizada que o ambiente digital oferece e leva isso para todas as suas relações, inclusive as de consumo. Tudo precisa ser fácil, prático, rápido – instantâneo, até – e do jeito que eles querem, não como as marcas querem oferecer. Apesar de serem muito jovens, muitos ainda sem poder de consumo, são eles o futuro do mercado e os que possuem mais influência.

Esse novo panorama exige das empresas, principalmente, investimento na inovação. É preciso cativar o cliente de forma cada vez mais especial e diferenciada. Isso porque, no mundo multiconectado, você pode comprar o mesmo produto de uma empresa local ou de uma do outro lado do globo. Os fatores decisivos serão detalhes que farão a oferta mais atraente para cada cliente. Daí a importância de estar conectado com a clientela, analisando constante e reiteradamente as tendências de consumo, as necessidades do público-alvo, para atendê-las de forma inovadora e criativa. É preciso, mais do que nunca, ser "amigo" do seu cliente, criar laços, intimidade, entusiasmar e encantá-lo.

O mundo tem mudado cada vez mais rápido. O mercado, então, ganha novas "regras" constantemente e a tendência é que esse movimento se identifique com as próximas gerações. Cabe às marcas saberem acompanhar essa evolução e oferecerem produtos e serviços sempre atrativos, diferenciados e personalizados. A pena para quem não perceber este novo movimento e não se adequar (ou ditar a próxima tendência) é, inevitavelmente, a falência...

E, para surpreender e encantar o cliente, seja de qualquer geração, com responsabilidades redobradas, estão na linha de frente das empresas os seus respectivos colaboradores que devem estar altamente motivados. É que, segundo Carlos Glosn, presidente mundial da Renault, uma das principais coisas que fazem a diferença é a motivação. Se a pessoa perder a motivação, aos poucos, perde tudo. Uma empresa nunca quebra hoje. Quebra cinco anos antes. Não é a falência financeira, é a falência motivacional. Os motivados enxergam oportunidades nas dificuldades... os desmotivados enxergam dificuldade nas oportunidades.

Nesse contexto, mister se faz diferenciar *motivação* e *empolgação*. A motivação (motiva a ação) é uma força extraordinariamente poderosa que nos dá ousadia, coragem e poder. É algo que nos faz sair do óbvio, da inércia, da letargia e da nossa zona de conforto, enquanto a empolgação nos transforma apenas em pessoas momentaneamente "alegres" e jubilosas, mas, ao mesmo tempo, inertes e letárgicos. Enquanto a motivação é perene e alicerçada em fundamentos concretos e reais, a empolgação é passageira, sem possuir qualquer fundamento concreto, desprovida de qualquer sustentabilidade.

3

TERCEIRO PASSO: APRENDER COM OS ERROS E FRACASSOS DO PASSADO E VIRAR A PÁGINA

"Não faz sentido olhar para trás e pensar: devia ter feito isso ou aquilo, devia ter estado lá. Isso não importa. Vamos inventar o amanhã e parar de nos preocupar com o passado".

STEVE JOBS

Inicialmente, é importante ressaltar que todo ser humano tem ou já teve algum tipo de problema, ou algum fracasso. Não existe um único ser humano que possa dizer que nunca fracassou e que nunca teve ou terá algum tipo de problema. É que "até o homem mais perfeito não escapa deles, e casa-se ou amanceba-se com eles" (Baltasar Gracián). Só não terá problemas ou fracassará quem já está no cemitério, mas, com certeza, fracassou ou teve problemas quando estava vivo. Nesse contexto, já dizia Baltasar Gracián que "ninguém vive sem ter um contrapeso da sua melhor qualidade, e se a inclinação o favorece, subjuga a pessoa como um tirano. Comece a combatê-lo prestando-lhe atenção, identificando-o. Dê, para esse defeito, a mesma atenção que lhe é dada por quem o observa. Para ser senhor de si, deve refletir sobre si mesmo. Vencida essa imperfeição, que é a maior de todas, as outras se acabarão".

Nessa perspectiva, prezado vencedor, diz Malcolm Forbes que "o fracasso é sinônimo de sucesso, se aprendermos as lições" de cada situação e consiste em uma prova de que você está tentando, de forma que o insucesso não é uma escolha, mas apenas uma fase de sua existência. Assim, Churchill definiu este aspecto de maneira interessante: "O sucesso é ir de fracasso em fracasso sem perder o entusiasmo".

Normalmente, nossos melhores sucessos vêm depois das nossas maiores decepções e fracassos. Michelle Obama, ex-primeira-dama americana, diz que "fracassar é a parte crucial do sucesso. Toda vez que você fracassa e se recupera, você exercita a perseverança, que é a chave da vida. Sua força está na habilidade de se recompor". Desta forma, "o sucesso não consiste em não errar, mas em não cometer os mesmos equívocos mais de uma vez" (George Bernard Shaw).

Expandindo ainda mais estas considerações, "muitas das falhas e fracassos da vida ocorrem quando não percebemos o quão próximos estávamos do sucesso na hora em que desistimos" (Thomas Edison), mesmo porque o fracasso ou insucesso é apenas uma oportunidade para recomeçar com mais inteligência e há mais pessoas que desistem do que pessoas que fracassam (Henry Ford). Franklin Roosevelt dizia que é triste falhar na vida, porém, mais triste ainda é não tentar vencer. O ídolo brasileiro Ayrton Senna dizia que na adversidade, uns desistem, enquanto outros batem recordes... O movimento da água ilustra muito bem este conceito: cada vez que seu curso encontra um obstáculo, ela não passa por cima deste, ela simplesmente o contorna! Dessa forma, muitas das coisas mais importantes do mundo foram conseguidas por pessoas que continuaram tentando quando parecia não haver mais nenhuma esperança de sucesso, como diz Dale Carnegie. Assim, "quando tudo parecer estar contra você, lembre-se o que já foi dito anteriormente, que o avião decola contra o vento, não com a ajuda dele" (Henry Ford). Por fim, "na escola você aprende a lição e depois faz a prova. Na vida você faz a prova e depois aprende a lição" (AD).

“É TRISTE FALHAR NA VIDA, PORÉM MAIS TRISTE AINDA É NÃO TENTAR VENCER.”

FRANKLIN ROOSEVELT

Ainda sobre o assunto, não podemos perder de vista que "se você encontrar um caminho sem obstáculos, ele provavelmente não levará a lugar nenhum", (Frank Clark) haja vista que "é impossível viver sem falhar em alguma coisa, a não ser que você viva tão cautelosamente que talvez nem tenha mesmo vivido de verdade, caso em que você já teria falhado por não tentar" (J. K. Rowling). É que "uma criança cai centenas de vezes antes de conseguir aprender a andar, mas, em nenhuma delas, ela pensa 'isso não é para mim'" (Leandro Lima). Nesse sentido, ilustra muito bem essa assertiva de Michael Jordan quando enfatiza que "errei mais de 9.000 cestas e perdi quase 300 jogos. Em 26 diferentes finais de partidas fui encarregado de jogar a bola que venceria o jogo... e falhei. Eu tenho uma história repleta de falhas e fracassos em minha vida. E é exatamente por isso que sou um sucesso". Pois bem, "é ótimo celebrar o sucesso, mas mais importante ainda é assimilar as lições trazidas pelos erros que cometemos no passado" (Bill Gates) já que "forte é quem, depois de tanto perder, reergue-se e prossegue lutando" (Ayrton Senna).

Outrossim, "a única coisa pior do que tentar algo e falhar é... não tentar" (Seth Godin), pois o maior erro que você pode cometer na vida é não tentar ao menos uma única vez. Falhar não é errar, falhar é não tentar. E esteja preparado para isto, pois, "se você não está preparado para errar, você nunca conseguirá fazer algo original" (Ken Robinson).

Logo, caros vencedores, é de boa prudência não fazer tempestade em copo d'água quando a tempestade não existe ou está apenas no começo. O que eu quero dizer é que problemas ou fracassos pequenos, ainda no começo, não devem ser supervalorizados, mas devem ser combatidos e resolvidos o mais rápido possível, pois nesta fase é fácil acabar com eles, haja vista que "poucas coisas aborrecidas são importantes a ponto de justificar nosso empenho. É tolice levar a sério aquilo a que não deveríamos dar importância. Muitas coisas que pareciam ser algo, se desprezada, não são nada, enquanto outras que não eram nada se transformam em muito porque lhes demos atenção. Quando os problemas estão no seu início é fácil acabar com eles, depois é difícil. Às vezes, o remédio causa a doença. Não é a pior regra do viver deixar estar" (Baltasar Gracián). Entretanto, se errar, procure não persistir no erro nem o tornar público, pois a persistência nas falhas, bem como sua publicização, constitui-se em grandes tolices. Ninguém precisa saber de seu erro ou seu fracasso, só você. "Alguns insistem no erro e, porque começaram a errar, parece-lhes perseverança seguir assim. No fundo, reconhecem seu erro, mas junto aos outros o defendem; se quando começaram com a tolice eram vistos como imprudentes, ao continuarem, são confirmados como tolos. Algumas pessoas insistem na burrice inicial e prosseguem com a sua inépcia. Querem ser tolos fiéis" (Baltasar Gracián). "Tolo não é aquele que faz uma tolice, mas aquele que não sabe disfarça-la. Se é preciso ocultar os sentimentos, ainda mais os defeitos. Todo mundo erra, mas com uma diferença: os sábios encobrem até os erros, e os tolos falam até daqueles que estão para cometer. Para a reputação, mais vale o recato que o fato. Se não pode ser casto, seja cauteloso. Os descuidados dos grandes são observados de perto, a exemplo dos eclipses do Sol e da Lua. Não devemos confiar nossos defeitos nem aos amigos, nem a nós mesmos, se fosse possível, aplica-se aqui outra regra do bem viver: saber esquecer" (Baltasar Gracián). É que nunca devemos mostrar nossas partes machucadas, ou seja, expor nossas fraquezas, ou tudo vai bater nelas. "Nunca se queixe deles. Sempre mira malícia onde nos dói ou enfraquece. Mostre-se melindrado e irá apenas encorajar os outros a fazerem troça de você. Nunca o atento se dê a conhecer, nem exponha os problemas, tanto pessoais quanto herdados, pois até a sorte às vezes gosta de nos ferir no ponto nevrálgico. Sempre vai direto à carne viva. Por isso não deve revelar o que o flagela e o que o reanima, para que o primeiro não dure e o ultimo não termine" (Baltasar Gracián).

Com efeito, não esqueçam jamais que o fracasso é apenas "um evento passageiro, uma etapa do sucesso, e não o oposto dele", haja vista que "o sucesso é 99% feito de fracassos. Não existe uma única história de sucesso de alguém que nunca cometeu erros e tenha fracassado. O que não pode ocorrer é desistirmos do sonho ou do projeto, aceitando o fracasso" (Caio Carneiro).

Logo, temos que aprender com nossos erros e fracassos do passado para não errar no futuro. O fracasso, apesar de ser doloroso, pode ser extremamente benéfico para o crescimento humano, pois se constitui em um elemento de grande aprendizagem caso você use-o como lição de vida. Talvez, seja o maior professor da vida. Você aprende muito mais quando fracassa do que quando está crescendo. O fracasso, além de não acarretar uma "perda total", faz recrudescer profundamente a sua habilidade e a sua humildade. Agora, temos que aprender com os erros e fracassos para não fracassar de novo, pois "a coisa mais importante que você deve fazer, se estiver em um buraco, é parar de cavar" (Warren Buffett).

Mas procure aprender mais com os erros dos outros. É mais barato e menos doloroso que aprender com os seus erros. Mas, se errar, aprenda também com os seus próprios erros e levante-se mais fortalecido para não errar de novo.

Nesse diapasão, não podemos parar nas pedras que vão aparecer em nosso caminho, como no poema de Carlos Drummond de Andrade, "tinha uma pedra no meio do caminho". Pessoas que faliram uma ou mais vezes e passaram uma borracha no passado, tentando novamente, certamente conseguiram superar as adversidades e vencer. Um grande exemplo de superação é o atual presidente dos Estados Unidos, Donald Trump, que faliu mais de uma vez e conseguiu

“A ÚNICA COISA
PIOR DO QUE
TENTAR ALGO E
FALHAR É...
NÃO TENTAR.”

SETH GODIN

se reerguer e se eleger presidente da maior nação do mundo. Assim como as águias nos ensinam, quando não temem as tempestades pretéritas, temos que usar as tempestades, ou os erros e fracassos do passado, para não errar mais e alcançar os nossos objetivos.

Doutra parte, é importante dizer que tem gente que só sabe falar de coisas ruins que estão acontecendo no presente, e principalmente dos erros, dos problemas, das doenças e dos fracassos que ocorreram no passado. O que passou. "A pior coisa que você pode fazer pelo seu futuro é se prender ao passado" (AD). "Você não pode apagar o filme de sua vida, mas pode reeditá-lo" (Augusto Cury). "Rompa as correntes do passado. Quando você inicia um processo de mudança, está cuidando da própria alma. Pessoas que vivem presas aos erros e fracassos do passado, deprimindo-se, amargurando-se, não progridem, pois consomem seus dons, suas energias e capacidade criativa remoendo situações negativas pretéritas. Essa postura bloqueia o progresso" (Carlos Wizard). Mais uma vez temos que aprender com as lições das águias. Quando as águias envelhecem, elas arrancam as suas penas velhas. A lição que nos passam é que não devemos continuar arrastando conosco as coisas do passado e de que não precisamos mais. Temos que esquecer o pretérito, deixando-o para trás.

Portanto, qualquer que seja o problema, grande ou pequeno, temos que ver o lado bom e aprender com ele. É que toda situação, de adversidade ou não, pode ser uma grande aprendizagem, um professor para o nosso crescimento pessoal. Temos que encontrar nela prazer e alegria, tendo em vista que toda dificuldade ou problema também traz consigo certo encantamento. Logo, todas as adversidades por que passar, veja como partes de seu crescimento pessoal. As caminhadas ao longo de sua vida valem muito mais a pena pelas dificuldades e adversidades que você vai viver.

Assim:

Zere o seu passado, passe uma borracha nele, vire a página, parta para outra situação, esqueça os problemas, os erros e os fracassos do passado – e aprenda com todos eles.

Nessa perspectiva, senhor lutador, não fique pensando em problemas ou em dificuldades que passaram. Também não dê muita atenção aos problemas e dificuldades presentes. Apenas enfrente-os com foco exclusivo nas soluções, haja vista que foco nos problemas e nas dificuldades fará com que você só veja problemas e dificuldades. É vital sermos criativos, sair da caixa, do trivial, do óbvio, da mesmice, do lugar comum, do piloto automático para superar os problemas e as adversidades e alcançar resultados positivos.

Esqueça os problemas e foque apenas as soluções. Muitas vezes o problema é sério, mas a solução pode ser bastante simples. Concentre-se na solução e procure métodos e alternativas diferentes para resolvê-lo, em vez de ficar pensando no problema. Tenha sempre em mente que as pessoas ricas e de sucesso são maiores do que seus problemas. Para elas, os problemas são sempre pequeninos. Quanto maior o problema, maior o negócio que está envolvido e que irá conduzir. Diferentemente, as pessoas de mentalidade pobre e fracassadas são sempre menores que seus problemas.

E, por falar em foco na solução, e nunca no problema, e também em alternativas ou métodos diferentes para resolver o problema, conta-se que um paciente procura um psiquiatra e diz: "toda vez que estou na cama, acho que tem alguém embaixo. Aí eu vou olhar embaixo da cama, mas aí acho que tem alguém em cima. Pra baixo, pra cima, pra baixo, pra cima. Estou ficando maluco!".

"Realmente, é um grande problema. Problema que merece um tratamento durante dois anos. Venha três vezes por semana e eu curo este problema", diz o psiquiatra.

"E quanto o senhor cobra?", pergunta o paciente.

"R$ 300 por sessão", responde o psiquiatra.

"Bem, eu vou pensar e dou uma resposta posteriormente."

Passam-se seis meses, e o sujeito não volta ao psiquiatra. Inesperadamente, eles se encontram em um determinado restaurante, e o psiquiatra pergunta ao sujeito por que ele não o procurou mais.

"A R$ 300 a consulta, três vezes por semana, por dois anos, ia ficar uma fortuna, caro demais. Aí um sujeito num bar me curou por 10 reais."

"Ah, é? Como?", pergunta o psiquiatra.

"Por R$ 10, ele cortou as pernas da cama!"

Qual é a lição que tiramos da anedota, a moral da história? Muitas vezes, o problema é sério, mas a solução pode ser muito simples. Concentre-se na solução ao invés de ficar pensando no problema e busque formas, maneiras e alternativas, as mais diversificadas possíveis, para resolvê-lo!

Logo, caros amigos, jamais devemos focar o problema, mas sempre a solução. Ademais, temos que também ser criativos e buscar métodos, formas, maneiras e alternativas diferentes para resolvermos os nossos problemas. Imperativo se faz sermos criativos, sair da caixa, do trivial, do óbvio, da mesmice, do lugar comum, do piloto automático para superar os problemas e as adversidades e alcançar resultados positivos.

Conta-se que numa escola de elite chamada Sócrates em determinado estado da federação, estava ocorrendo uma situação inusitada: meninas que usavam batom, todos os dias, beijavam o espelho para remover o excesso de batom. O diretor andava bastante aborrecido, porque o zelador tinha um trabalho enorme para limpar o espelho ao final do dia. Mas, como sempre, na tarde seguinte, lá estavam as mesmas marcas de batom.

Um dia, o diretor juntou um grupo de meninas no banheiro e explicou pacientemente que era muito complicado limpar o espelho com todas aquelas marcas que elas faziam. Fez uma palestra de uma hora. Mas, no dia seguinte, as marcas de batom no banheiro reapareceram...

No outro dia, o diretor, irritado, juntou novamente no banheiro o bando de meninas, e pediu ao zelador para demonstrar a dificuldade do trabalho para limpar o batom. O zelador imediatamente pegou um pano, molhou no vaso sanitário e passou no espelho. (...) Nunca mais apareceram marcas!

Qual é a reflexão que se extrai da história? Às vezes, precisamos usar métodos e alternativas diferentes para superar os problemas e as adversidades e alcançar os nossos resultados mais rapidamente.

Finalmente, é bom avisá-lo do seguinte: ninguém está preocupado com os seus problemas. Ninguém liga para eles – a não ser você. Daí a importância de você também não ligar para as opiniões alheias. É que "um homem que quiser liderar uma orquestra deve virar as costas para a multidão" (Max Lucado). Com efeito, "ouça, sorria e concorde. Em seguida, faça o que você estava indo fazer" (AD).

Por fim, nunca perca de vista que você jamais deve tomar uma decisão importante logo após uma queda ou um fracasso, uma vez que, depois de um fracasso, o indivíduo fica com o emocional fortemente abalado, e não será ele que tomará a decisão, mas suas emoções abaladas. Isso já era ensinado há muitos anos pelo filósofo Baltasar Gracián, que enfatizou em várias passagens do seu livro *A arte da prudência*: "não agimos por nós mesmos quando fora de nós mesmos, e a paixão sempre desterra a razão. Encontre uma terceira parte prudente, que seja indiferente à paixão. Os espectadores sempre veem mais do que jogam, pois não se apaixonam. Quando a prudência percebe estar alternada, é hora de bater em retirada; caso contrário, o sangue ferverá, e tudo será feito sangrando, e um breve acesso daria ensejo para muitos dias de vexame seu e maledicência alheia". Assevera ele, por outro lado, que "os ímpetos das paixões são as armadilhas da prudência, e aí está o risco de se perder. Expomo-nos mais num único instante de fúria ou contentamento do que em muitas horas de indiferença. Corre-se um pouco às vezes, mas se lamenta o fato pelo resto da vida. Aquele que prevê o perigo age com cautela. Uma palavra pronunciada no ímpeto da paixão pode parecer leve a quem diz, mas talvez se revele pesada àquele que a recebe e avalia. A língua é uma fera e, uma vez solta, é difícil devolvê-la às cadeias. A língua é o pulso da alma. Toda obstinação é um tumor". Finalmente, leciona o referido autor que "não há maestria maior que o domínio sobre si próprio e as paixões: é o triunfo do livre-arbítrio. Assim se portam os grandes homens, pois a magnanimidade dificilmente se abala. As paixões são os tumores da alma, e qualquer excesso indispõe a prudência. Se a moléstia sai pela boca, sua reputação estará em perigo. Tendo completo domínio de si próprio na prosperidade como na adversidade, ninguém irá censurá-lo, mas o admirar".

4

QUARTO PASSO: ACREDITAR QUE VOCÊ PODE. CRENÇA NO MÉRITO OU NA MERITOCRACIA

Ninguém conquista vitórias, sucesso e prosperidade sem se sacrificar e se esforçar e sem se sentir merecedor. Você pode ser uma pessoa extremamente habilidosa, ter inteligência, talento e competência. Entrementes, se não tiver alto nível de confiança em si mesmo e se sentir merecedor do que pretende conquistar, jamais conseguirá ser um vencedor, haja vista que não concentrará energia suficiente e necessária para a conquista. Ou seja, se não acredita que é digno de elaborar determinado projeto, de construir determinada coisa, possuir determinado patrimônio, receber determinado presente, transformar determinado sonho em realidade, ou ser beneficiado com uma determinada graça, enfim, se não acredita que é merecedor, se não tem fé em seu mérito e em sua meritocracia, nunca se permitirá dar o melhor e o máximo necessário de você, entregando-se à exaustão para chegar ao seu desiderato e conquistar o seu objetivo.

Todas as conquistas só ocorrem como consequência da crença do mérito ou da meritocracia, que consiste em um princípio extraordinariamente poderoso. Entretanto, muito mais poderosa ainda é a crença no demérito ou na demeritocracia, ou seja, a crença de que você não é capaz nem tampouco digno de obter algo ou de fazer determinada coisa. Se acredita que não é digno nem merecedor para realizar determinado projeto, jamais realizará.

“NINGUÉM CONQUISTA VITÓRIAS, SUCESSO E PROSPERIDADE SEM SE SACRIFICAR E SE ESFORÇAR E SEM SE SENTIR MERECEDOR.”

JANGUIÊ DINIZ

5

QUINTO PASSO: ELABORAR UM PLANO, PLANEJAR

É importante dizer a frase de Saint-Exupéry que "uma meta sem um plano é somente um desejo". E, para vencer, é preciso transformar o talento em ação, a vontade em planejamento, a insegurança em determinação, ter os pés no chão e vencer a insegurança, subindo um degrau de cada vez. Com efeito, "um plano razoável executado hoje é melhor que um plano perfeito que sempre fica para semana que vem" (George Patton).

Entretanto, não basta criar um plano e deixá-lo no papel. Mister se faz elaborar o plano, traçar metas e, com métodos, disciplina e muita determinação, trabalhar muito para cumprir o plano.

Não tenha apenas planos. Planeje. "Viver nesta sociedade digital e disruptiva é como viver em tempos de guerra. E, em tempos de guerra, planejamento é imprescindível. Planos são inúteis" (Dwight Eisenhower).

Nesse contexto, há de ser rememorado que não existe empreendimento de sucesso sem planejamento eficaz. O planejamento eficaz faz com que você erre menos e alcance os resultados de forma mais rápida e efetiva. Logo, coloque no papel o plano de negócios. Ele deve reunir todas as informações que você precisa saber sobre o negócio, sobre o mercado e sobre a concorrência. Vale a pena investir em pesquisas de mercado, tanto para sondar a concorrência e o que ela está oferecendo, quanto para conhecer melhor seus futuros clientes e o que eles querem. O plano também deve conter o planejamento financeiro detalhado para o período em que o negócio ainda não estiver dando lucro.

E, por falar em planejamento estratégico, conta-se que João foi se confessar:

"Padre. Eu pequei. Transei com uma mulher casada que se diz séria."

"Com quem estiveste, João?"

"Padre, eu disse meu pecado. Ela que confesse o dela."

"João, mais cedo ou mais tarde, vou descobrir. É melhor que me digas logo. Foi Maria Carolina, da padaria? Silvia Pascoal, da pastelaria?"

"Por mim, jamais saberá."

"Neide Furtado, da sorveteria?"

"Nunca direi."

"Simone Silva, da banca de revista?"

"Não insista."

"Dalva Cristina, da loja de roupas?"

"Não insista, padre."

O padre rói as unhas e diz: "João, você é um cabeça-dura. Mas, no fundo, no fundo, admiro sua discrição e reserva. Reze 20 Pai-Nossos e 10 Ave-Marias e vá com Deus".

João sai e se encontra com seu amigo Tião, que lhe pergunta: "E aí, conseguiu a lista?

Ele responde: "Sim. Tenho o nome de cinco mulheres casadas que estão pulando a cerca".

Qual é a conclusão que se extrai da anedota? É que o planejamento estratégico começa com a análise do mercado.

“VIVER NESTA SOCIEDADE DIGITAL E DISRUPTIVA É COMO VIVER EM TEMPOS DE GUERRA. E, EM TEMPOS DE GUERRA, PLANEJAMENTO É IMPRESCINDÍVEL. PLANOS SÃO INÚTEIS.”

DWIGHT EISENHOWER

6

SEXTO PASSO: ORGANIZAR, OTIMIZAR E APROVEITAR O SEU TEMPO

É lugar-comum ouvirmos da boca de muita gente a afirmação de que "não tenho tempo para nada", lamuriando-se sempre de que o tempo deles é escasso. Ora, meus amigos, mister se faz parar de usar esta frase, haja vista que o dia tem 24 horas, o que significa dizer que tem 1.440 minutos e 86.400 segundos, e isso é muito tempo. Ademais, lembrem-se de que, felizmente, o tempo é igual para todos. Com efeito, não é a quantidade de tempo que vai fazer você produzir mais ou menos, mas é a forma como se organiza e utiliza o seu tempo que vai influenciar na sua performance e produtividade.

Nunca se esqueçam de que "o tempo dura bastante para aqueles que sabem aproveitá-lo" (Leonardo da Vinci). E "se falta de tempo realmente fosse uma justificativa para não realizar seus projetos, somente os desocupados teriam sucesso" (Flávio Augusto). Nesse sentido, "o tempo é a única riqueza que é distribuída igualmente para todos os homens: a cada um são dadas precisamente 24 horas em cada dia que passa" (Saint John). Com efeito, "se quer ver algo feito, peça a alguém que não tenha tempo; para se certificar de que isso não ficará feito, peça a alguém com tempo. A primeira pessoa não tem tempo porque faz tudo que lhe dizem para fazer; a segunda tem tempo porque não faz nada do que lhe pedem" (Alfonso Milagro).

Por conseguinte, organize e aproveite cada minuto de seu tempo. Não desperdice nenhum segundo. Não jogue o seu tempo fora. Não "mate" o seu tempo. "Quem mata o tempo não é assassino, mas, suicida", visto que está aniquilando o bem mais valioso que tem e que nunca mais ressuscitará. Não deixe o tempo passar sem fazer nada de produtivo, ele é precioso.

Pois "o tempo é como as águas de um rio, você nunca poderá tocar na mesma água duas vezes, porque a água já se passou, já foi embora, nunca passará novamente, assim é o tempo. Aproveite então cada minuto da sua vida" (Heráclito).

Por conseguinte, pare de dizer que está ocupado. Não alimente a convicção de que estar ocupado é ser importante. Se, constantemente, você deixa de fazer algo alegando que está atarefado, de duas, uma: é falta de organização ou você não tem nenhum interesse em fazer. Logo, determine prioridades retirando do seu dia a dia as atividades que não lhe trazem retorno. Ademais, realize atividades sempre visando o seu objetivo principal. Tome nota de todas as tarefas prioritárias e tenha autocontrole, pois ele é extremamente essencial para uma boa gestão do seu tempo, e diga não quando necessário, pois dizer não quando é preciso faz com que sua rotina seja mais livre. Sobre dizer não quando necessário, já ensinava Baltasar Gracián no livro *A Arte da Prudência*: "uma das maiores regras da vida consiste em saber negar, e é ainda mais importante recusar tanto certas tarefas quanto aos outros. Dizer não também é tão importante quanto conceder, principalmente para aqueles que mandam. O que importa é como isso é feito. O não de alguns agrada mais do que o sim de outros; um não dourado satisfaz mais do que um sim lacônico. Não se deve negar de chofre, que se saboreie a decepção pouco a pouco. Nunca negue nada por completo, os outros deixariam de depender de você".

Outrossim, use sempre o mecanismo da delegação. Aprenda a delegar sempre que possível, acompanhando os resultados, e não adie ou procrastine as atividades importantes e urgentes em sua vida para fazer outras, mesmo que mais prazerosas.

Tenha sempre em mente que tempo é questão de prioridade. O dia tem vinte e quatro horas. Dá para fazer muita coisa. Você pode dormir seis horas que, na minha ótica é o tempo mais que necessário para descansar o corpo. Dormir mais que seis horas é perda de tempo. Pode trabalhar até doze horas para sobreviver, desenvolver-se, construir e conquistar, porque todos têm que trabalhar para ganhar o pão de cada dia, ter sucesso e prosperar; e ainda sobram seis horas para você estudar, sonhar, buscar transformar os seus sonhos em realidade e até namorar.

Como o tempo é escasso, é muito importante que aprendamos a disciplinar nossas "frustrações" e "emoções negativas" e fugir delas o mais rápido que pudermos. Se, no passado, permanecíamos chateados com nossos fracassos por muito tempo, na sociedade em que vivemos, precisamos esquecê-los em pouco tempo, pois o tempo é ouro e não vale a pena gastá-lo com frustrações pretéritas.

7

SÉTIMO PASSO: PROGRAMAR-SE MENTALMENTE PARA O SUCESSO

Tenha sempre em mente duas máximas, ou brocardos universais. A primeira delas é que "o seu corpo só realiza e alcança aquilo em que a sua mente acredita"; a segunda, é que "você se torna aquilo em que acredita".

Logo, amigo gigante, mesmo que você tenha dado vários passos na vida, tenha decidido mudar de vida, sonhado sonhos grandes e impossíveis, angariado conhecimento e muita qualificação, planejado como realizar os seus sonhos, esquecido os erros e fracassos do passado e aprendido com eles, mesmo que se sinta merecedor e tenha utilizado e otimizado da melhor maneira possível o seu tempo, se o seu modelo mental, sua programação mental, condicionamento mental, o seu subconsciente ou o seu interior não estiver programado para crescer, evoluir, conquistar, ter sucesso, prosperidade, riqueza e ser feliz em abundância, você estará condenado ao insucesso e à improsperidade. É que, como enfatizei anteriormente, "o seu corpo só realiza e alcança aquilo em que a sua mente acredita" e "você se torna aquilo em que acredita". Daí a necessidade da programação ou condicionamento mental para a riqueza, para o sucesso e para a prosperidade. "É a programação ou condicionamento mental quem determina o seu pensamento, o seu pensamento quem determina as suas decisões, as suas decisões quem determinam as suas ações, que finalmente determinam os seus resultados, que podem ser de sucesso e prosperidade, ou não" (T. Harv Eker). Com efeito, é o seu

“O TEMPO DURA BASTANTE PARA AQUELES QUE SABEM APROVEITÁ-LO.”

LEONARDO DA VINCI

mundo interior que cria o seu mundo exterior. Se você tem um mundo interior voltado para a conquista, ou seja, uma mente de sucesso, você será um homem de sucesso. O contrário também é verdadeiro.

De fato, estimado amigo, e para que fique bem fixado em sua mente, a sua programação, o seu condicionamento, o seu subconsciente, o seu modelo mental ou o seu mundo interior é quem determina o seu pensamento, o seu pensamento é que determina as suas decisões, as suas decisões são que determinam as suas ações e, por via de consequência, são as suas ações que determinam os seus resultados que podem ser de sucesso e prosperidade, ou não, que será seu mundo exterior, o mundo da realidade nua e crua que você viverá.

Nessa perspectiva, nunca se esqueça de que você sempre consegue aquilo que deseja no seu subconsciente, e não o que diz querer. Se não está obtendo o que quer, é porque, no subconsciente, você não almeja aquilo de verdade e, por consequência, não está gastando energia e dedicação suficiente para conseguir. É que, segundo T. Harv Eker, o "querer" tem vários níveis, e os mais importantes são: "1) eu quero; 2) eu escolho; 3) eu me comprometo. Eu quero ter sucesso. Mas, querer somente não basta. Eu escolho ter sucesso. Mas só escolher também não é suficiente. Eu me comprometo a ter sucesso e, para tanto, farei o impossível, muito mais do que o necessário, durante o tempo que for preciso para tê-lo, ou morrerei tentando". Aí você terá sucesso.

Nesse contexto, é por esse motivo que, se uma pessoa ganha muito dinheiro sem estar interiormente preparada para tal, o mais provável é que a sua riqueza tenha vida curta e ela acabe perdendo tudo em pouco tempo. Um exemplo que ilustra muito bem isso são os casos daquelas pessoas que ganham prêmios em loterias. Segundo T. Harv Eker, as pesquisas mostram continuamente que, seja qual for o tamanho do prêmio, a maior parte desses felizardos acaba voltando ao seu estado financeiro original, ao seu *status quo ante*, isto é, a ter a quantidade de dinheiro com a qual conseguem lidar com mais facilidade. Já quem enriquece pelo próprio esforço, ocorre exatamente o contrário. É o caso dos milionários que perdem fortunas, ou que vão à falência: geralmente, eles refazem a fortuna em pouco tempo e um exemplo disso é o atual presidente dos Estados Unidos, Donald Trump, que perdeu sua fortuna, mas a recuperou rapidamente, pois, apesar de ter perdido o dinheiro, não perdeu a mente programada para ter dinheiro e ter sucesso, enrustida em seu subconsciente.

Eu, desde jovem, já tinha a mente programada para o sucesso e para a vitória, mesmo inconscientemente. Me lembro muito bem, como se fosse hoje, quando comecei a namorar minha amada esposa Sandra Janguiê em fevereiro de 1988. Quando visitava a sua casa, comumente minha sogra vinha conversar comigo. Naquela época, eu já dizia que ela podia confiar a vida de sua filha a mim, pois eu iria ser uma pessoa muito rica e de muito sucesso. Fazia aquela afirmação com muita seriedade e com a certeza de que tal fato iria ocorrer, mesmo sem saber como, quando e de que forma eu ia adquirir riqueza e sucesso. Simplesmente isso aconteceu graças a tudo que escrevo neste livro, mas também à minha mente programada para o sucesso e para a prosperidade.

Por último, mas não menos importante, a conquista do sucesso e da prosperidade exige do postulante a conjugação de uma série de elementos: decisão, coragem, atitude, ação, conhecimento, dedicação integral (100% da energia), foco, especialização, muito trabalho (doze horas por dia e sete dias por semana), não desistir jamais e programação mental para o sucesso. Com efeito, programe o seu modelo de sucesso e, quando o atingir, reprograme-o, pois ele ficará em você até o fim de sua existência, a não ser que você o mude.

PARTE 3

considerações FINAIS

Para arrematar o presente trabalho, quero rememorar o que foi asseverado no primeiro passo para conquistar o sucesso e a prosperidade. Tenha sempre em mente que o sucesso e a prosperidade constituem-se em uma questão de "decisão". Para ter sucesso e prosperidade, se você não está no caminho certo, tem que mudar. "Embora mudar seja muito difícil e até doloroso, não mudar será fatal" (Leandro Karnal). Nesse contexto, vale lembrar o que certo sábio asseverou outrora: "vencedores vencem dores". Logo, vá em frente, vá, "enfrente" a luta pelo sucesso e pela prosperidade, que será vitorioso.

Portanto, faça, tente, lute, falhe, erre. Mas, por favor, "não jogue fora, acomodando-se, a extraordinária oportunidade de ter vivido. Tendo consciência de que cada homem e cada mulher foram feitos para passar por esta vida fazendo histórias e que todo homem e toda mulher é um milagre e traz em si uma revolução. Você foi criado para construir pirâmides e versos, descobrir continentes e mundos, caminhar sempre com um saco de interrogações na mão e uma caixa de possibilidades na outra" (AD). Não se sente e passe a ser analista da vida alheia, espectador do mundo, comentarista do cotidiano, dessas pessoas que vivem a dizer "Eu não disse?", "Eu sabia!". "Chega dos poetas não publicados. Empresários de mesa de bar. Pessoas que fazem coisas fantásticas toda sexta de noite, todo sábado e domingo, mas que na segunda não sabem concretizar o que falam, porque não sabem ansiar, não sabem perder a pose, porque não sabem recomeçar" (AD). Porque não sabem trabalhar. Porque não sabem sonhar com o sucesso e lutar para transformar o sonho em realidade.

Com efeito, estude, trabalhe, lute diuturnamente. Mas não esqueça também de se divertir. Logo, temos que gastar parte do que ganhamos nos divertindo. Daí ser interessante reservar parte dos rendimentos para divertimento e lazer. Ou seja, é de extrema necessidade termos uma "conta da diversão", que consiste num percentual que retiramos dos nossos rendimentos para nos divertirmos juntamente com nossos familiares e amigos. O principal objetivo dessa conta é a satisfação pessoal e da família. Entrementes, não basta se divertir, estudar, trabalhar, lutar, conquistar sucesso, prosperidade, divertimento, enfim, ter felicidade em abundância, se você também não ajuda os seus semelhantes que carecem de ajuda. Na verdade, gaste parte do que ganha ajudando as pessoas necessitadas por meio de ações de filantropia. Logo, reserve também parte dos seus rendimentos para a chamada "conta das doações", para ajudar aqueles que necessitam.

E, quando adquirir o sucesso e a prosperidade, tenha gratidão. Inicialmente, a Deus, o Criador, pois, sem Ele, nada tem valor. Em segundo lugar, aos seus familiares e entes queridos que estão sempre ao seu lado. Em terceiro lugar, aos seus colaboradores e amigos. Em quarto lugar, a todos os que lhe ajudaram, pois a gratidão consiste em um sentimento irremunerável e inexprimível, principalmente porque, no dicionário de Deus, a "gratidão vem antes da bênção" e "quem não é grato aos alicerces que o precedem não é digno do sucesso que o sucede" (Augusto Cury). Escreva todos os dias pela manhã algumas coisas pelas quais você é grato e não tenha cerimônia de reconhecer e agradecer. Mande todas as manhãs uma mensagem de agradecimento para as pessoas pelas quais você é extremamente grato. Esse hábito é grandemente producente e vai fazer com que você seja muito mais feliz.

Por fim, lembre-se sempre de que "o sucesso é um péssimo professor. Ele induz as pessoas a achar que não podem perder" (Bill Gates). Logo, quando adquirir sucesso, não se envaideça nem fique embevecido com ele. Nunca perca a simplicidade nem tampouco a humildade. A perda da humildade torna a pessoa arrogante e prepotente. E isso será o começo da derrocada.

PARTE 4

mensagens **FINAIS**

1

A VITÓRIA DA VIDA

"Pobre de ti se pensar em ser vencido!
Tua derrota é caso decidido.
Queres vencer, mas como em ti não crês.
Tua descrença esmaga-te de vez.
Se imaginas perder, perdido estás.
Quem não confia em si, marcha pra trás;
a força que te impele para frente, é a
decisão firmada em tua mente.
Muita empresa esboroa-se em fracasso
Ainda antes do primeiro passo:
Muito covarde tem capitulado
Antes de haver a luta começado.
Pensa em grande e os teus feitos crescerão:
Pensa em pequeno, e irás depressa ao chão.
O querer é o poder arquipotente,
É a decisão firmada em tua mente.
Fraco é quem fraco se imagina,
Olha ao alto o que alto se destina:
A confiança em si mesmo é a trajetória
Que leva aos altos cimos da vitória.
Nem sempre o que mais corre a meta alcança, nem
mais longe o mais forte o disco lança:
mas o que, certo de si, vai firme e em frente,
com a decisão firmada em sua mente!"

[MANUEL BASTOS TIGRE]

2

ENTÃO VOCÊ QUER TER SUCESSO?

"Deixa eu te falar um pouco sobre o sucesso. Sucesso tem a ver com constância, tem a ver com você fazer o que tem que ser feito, mesmo que você não queira fazer. Mesmo que você tenha acordado com preguiça, mesmo que você tenha percebido que o mundo está contra você.

Sucesso tem a ver com constância, tem a ver com disciplina! Você quer ter sucesso? Mesmo? Então pare de ficar contando histórias pra sua cabeça. Acorde de manhã e faça o que tem que ser feito. Simples assim. Faça o que tem que ser feito. Não espere que ninguém venha te motivar, não espere que o seu líder te motive. Não espere que o mercado te motive, não espere que a sua esposa ou o seu marido te motive, não espere! Vá fazer!

Você quer sucesso? Quer mesmo ter sucesso? Deixa eu te falar algo sobre o sucesso. Vai ser muito difícil. Chegar lá vai ser muito difícil, sabe por quê? Porque sucesso é esporte para poucos. Poucas pessoas suportam ter que subir uma montanha como o Everest, ar rarefeito, pouca alimentação, dificuldade o tempo todo, medo de desmoronamento, mas poucas pessoas chegam no topo. Chegar no topo é ter sucesso! Chegar no topo é parar de dar desculpas, chegar no topo é ter uma vida em abundância, uma vida acima da média.

Então você quer ter sucesso... Você quer ter sucesso, mas não quer se empenhar, você quer ter sucesso, mas não quer abrir mão? Você sabia que os atletas olímpicos, medalhistas, abrem mão dos seus finais de semana? E você está a fim de abrir mão do seu final de semana? Está a fim de abrir mão? Abrir mão do que é confortável para você, abrir mão de dormir até mais tarde, abrir mão de passar tempo com a família, abrir mão de passar tempo com seus amigos, para você chegar onde precisa chegar. Você tem certeza de que você quer isso?

Sucesso é um esporte para poucos... pensa nisso. Pessoas que têm sucesso são reconhecidas pela sociedade, pessoas que têm sucesso ganham mais do que as outras, pessoas que têm sucesso conseguem equilibrar a vida profissional e pessoal.

Mas esse é um esporte para poucos. Ter sucesso é continuar mesmo quando seus músculos estão tremendo, é continuar quando você percebe que tudo está contra você. Ter sucesso é nadar contra a maré. Enquanto todos os seus amigos, todas as pessoas de sua empresa pensam em desistir, você avança. Cada persistência que você tem, cada movimento de motivação que você tem te deixa ainda mais forte. Quando você percebe, vem uma onda alta e você nada mais forte, dando simplesmente o seu máximo. Quer ter sucesso? Dê o seu máximo!

Não fique buscando receitas prontas em livros de motivação, não! Verifique quem já fez bem feito ao seu redor, quem é a pessoa próxima de você que já faz bem feito, isso se chama modelagem! Modele as pessoas de sucesso, modele quem faz bem feito, faça igual aos campeões fazem, porque aí você terá o resultado de um campeão!

Quer ter sucesso? Então, dê o seu máximo!"

[AUTOR DESCONHECIDO]

3

TODA MANHÃ, NA ÁFRICA, UMA GAZELA ACORDA

Toda manhã, na África, uma gazela acorda. Ela sabe que deverá correr mais do que o leão, ou morrerá, pois será comida por ele. Toda manhã, na África, um leão acorda. Ele sabe que deverá correr mais do que a gazela, ou morrerá de fome.

A conclusão que se extrai é a seguinte: quando o sol nascer, não importa se você é um leão ou uma gazela, é melhor começar a correr em busca do sucesso, da prosperidade e da felicidade, mas sempre com Deus no coração pois, sem Ele, nada adianta.

[AUTOR DESCONHECIDO]

4

AS DOZE LEIS DA AÇÃO

Karma ou carma significa ação, em sânscrito (antiga língua sagrada da Índia). Consiste num termo originário da religião budista, hinduísta e jainista, adotado posteriormente também pelo espiritismo.

1. Causa e efeito – você colhe o que planta;
2. Construir – construa aquilo que imagina;
3. Humildade – aceite quem você é, deixe ir o que passou e se atente ao que virá;
4. Crescimento – mude a si mesmo para crescer, não os demais;
5. Responsabilidade – sua vida é o resultado de suas ações;
6. Conexão – tudo está conectado e serve para um propósito;
7. Foco – não se pode focar ao mesmo tempo o bem e o mal;
8. Doe – a forma de tratar os demais revela as suas intenções;
9. Aqui e agora – a única coisa que tens é este momento;
10. Mude – a vida te dá as mesmas lições e você deve aprender com ela;
11. Paciência e recompensa – as coisas boas vêm do trabalho duro, da fé e da determinação;
12. Importância e inspiração – receba da vida o que você colocou nela.

[AUTOR DESCONHECIDO]

5

TUDO DEPENDE DE MIM

"Hoje levantei cedo pensando no que tenho a fazer antes que o relógio marque meia-noite.

É minha função escolher que tipo de dia vou ter hoje.

Posso reclamar porque está chovendo... ou agradecer às águas por lavarem a poluição.

Posso ficar triste por não ter dinheiro... ou me sentir encorajado para administrar minhas finanças, evitando o desperdício.

Posso reclamar sobre minha saúde... ou dar graças por estar vivo.

Posso me queixar dos meus pais por não terem me dado tudo o que eu queria... ou posso ser grato por ter nascido.

Posso reclamar por ter que ir trabalhar... ou agradecer por ter trabalho.

Posso sentir tédio com as tarefas da casa... ou agradecer a Deus por ter um teto para morar.

Posso lamentar decepções com amigos... ou me entusiasmar com a possibilidade de fazer novas amizades.

Se as coisas não saíram como planejei, posso ficar feliz por ter hoje para recomeçar.

O dia está na minha frente esperando para ser o que eu quiser.

E aqui estou eu, o escultor que pode dar forma.

Tudo depende só de mim."

[CHARLES CHAPLIN]

6

NINGUÉM SABE O VALOR DO QUE TEM ATÉ PERDÊ-LO. ASSIM É A VIDA

"Acreditamos que a felicidade está no futuro.
E esquecemos de viver o presente.
Valorizamos a família quando não a temos.
Valorizamos o tempo quando está acabando.
Valorizamos o frio quando faz calor.
E valorizamos o calor quando faz frio.

Reclamamos quando temos muito trabalho e também quando não temos nada para fazer.

Queremos que os nossos filhos cresçam logo. Mas, quando crescem, temos saudade de quando eram pequenos.

Reclamamos dos nossos pais, mas quando eles partem... sentimos por não ter dado o último abraço.

O futuro é incerto e o passado não volta.

Podemos viver apenas o aqui e o agora.

Olhe à sua volta... vê a sua mãe fazendo sua comida favorita? Seu filho correndo quando você volta para casa? Seus amigos rindo quando saem juntos? Seu irmão pedindo um conselho? Seu melhor amigo se casando com o amor da vida dele?

Isso é a felicidade! Ela está aí, muito perto. E, às vezes, deixamos escapar pensando não ser suficiente.

Pense... no amor que você recebe, e no amor que você dá. Na quantidade de luz que rodeia você. E quando perceber tanta riqueza, pense de novo nos pequenos problemas. São realmente tão importantes?

É por isso que você adia a sua felicidade?

É hora de escolher. Escolha ser feliz, mesmo sem ter tudo o que gostaria. Escolha rir dos infortúnios da vida, dos tropeços, de tudo o que não deu certo e poderia ter sido melhor.

Brinde suas conquistas, você vai perceber que a felicidade está em você.

Abra os olhos, comece a viver e a desfrutar do que importa de verdade."

[AUTOR DESCONHECIDO]

7

NÃO É UMA TRAGÉDIA

"Não é uma tragédia,
Essas coisas acontecem,
Um jovem adoece no verão,
Um senhor é atropelado por um táxi,
A biópsia aponta que o tumor é maligno,
Essas coisas acontecem todos os dias,
E todos os dias saímos de casa achando que jamais acontecerá conosco.
Uma doença leva embora um pai,
O médico comunica um exame preocupante,
Uma moto atravessa um sinal fechado,
Todos os dias isso acontece,
E todos os dias nossos planos são os mesmos: trabalho, almoço, trabalho, jantar.
Não acho que seja uma tragédia quando essas coisas acontecem com a gente e aí dizemos: 'que tragédia! Morreu tão cedo!'.
Não acho que seja uma tragédia.
Acho que a vida é um amontoado de caos e coincidência.
Acho que hoje estamos aqui e amanhã não estamos mais.
Uma tragédia é não agradecer por esse tempinho que estamos aqui.
Uma tragédia é não valorizar a vida em família,
Uma tragédia é trocar o sorriso do nosso filho pelo celular, um passeio em família pelas preocupações do trabalho,

Uma tragédia é não abraçar as pessoas hoje,

Uma tragédia é passar a vida em branco,

Uma tragédia é achar que um dia vamos ser felizes, hoje não.

Uma tragédia é achar que não vai acontecer com a gente.

E a vida ficando para depois.

Um dia eu mudo de emprego, um dia eu digo que gosto dela, um dia eu faço uma viagem, um dia eu vou ser voluntário nesse projeto.

Acho uma tragédia quando aprendemos a valorizar o que temos só depois de perder.

Acho uma tragédia viver de aparências.

Acho uma tragédia ter comprado coisas achando que isso seria felicidade.

Acho uma tragédia trabalhar em algo que você odeia.

A morte não é uma tragédia.

Tragédia é quando a gente não viveu."

[MARCOS PIANGERS]

8

AS 45 LIÇÕES QUE A VIDA ME ENSINOU

1. A vida não é justa, mas ainda é boa;
2. Quando estiver em dúvida, dê somente o próximo passo, e pequeno;
3. A vida é muito curta para desperdiçá-la odiando alguém;
4. Seu trabalho não cuidará de você quando você ficar doente. Só quem te ama;
5. Pague mensalmente seus cartões de crédito;
6. Você não tem que ganhar todas as vezes. Concorde em discordar;
7. Chore com alguém. Cura melhor do que chorar sozinho;
8. É bom ficar bravo com Deus, Ele pode suportar isso;
9. Economize para a aposentadoria começando com seu primeiro salário;
10. Quanto a chocolate, é inútil resistir;
11. Faça as pazes com seu passado, assim ele não atrapalha o presente;
12. É bom deixar suas crianças verem que você chora;
13. Não compare sua vida com a dos outros. Você não tem ideia do que é a jornada deles;
14. Se um relacionamento tiver que ser um segredo... Você não deveria entrar nele;

15. Tudo pode mudar num piscar de olhos. Mas não se preocupe, Deus nunca pisca;
16. Respire fundo. Isso acalma a mente;
17. Livre-se de qualquer coisa que não seja útil, bonito ou alegre;
18. Qualquer coisa que não o matar o tornará realmente mais forte;
19. Nunca é muito tarde para ter uma infância feliz. Mas a segunda vez é por sua conta e ninguém mais;
20. Quando se trata do que você ama na vida, não aceite um não como resposta;
21. Acenda as velas, use os lençóis bonitos, use lingerie chique. Não guarde isto para uma ocasião especial. Hoje é especial;
22. Prepare-se mais do que o necessário, depois siga com o fluxo;
23. Seja excêntrico(a) agora. Não espere pela velhice para vestir roxo;
24. O órgão sexual mais importante é o cérebro;
25. Ninguém mais é responsável pela sua felicidade, somente você;
26. Enquadre todos os assim chamados 'desastres' com estas palavras: 'Em cinco anos, isto importará?';
27. Sempre escolha a vida;
28. Perdoe tudo de todo mundo;
29. O que outras pessoas pensam de você não é da sua conta;
30. O tempo cura quase tudo. Dê tempo ao tempo;
31. Não importa quão boa ou ruim é uma situação, ela mudará;
32. Não se leve muito a sério. Ninguém faz isso;
33. Acredite em milagres;

34. Deus ama você porque Ele é Deus, não por causa de qualquer coisa que você fez ou não fez;
35. Não faça auditoria na vida. Destaque-se e aproveite-a ao máximo agora;
36. Envelhecer ganha da alternativa morrer jovem;
37. Suas crianças têm apenas uma infância;
38. Tudo que verdadeiramente importa no final é o que você amou;
39. Saia de casa todos os dias. Os milagres estão esperando em todos os lugares;
40. Se todos nós colocássemos nossos problemas em uma pilha e víssemos todos os outros como eles são, nós pegaríamos nossos mesmos problemas de volta;
41. A inveja é uma perda de tempo. Você já tem tudo o que precisa;
42. O melhor ainda está por vir;
43. Não importa como você se sente, levante-se, vista-se bem e apareça;
44. Produza!;
45. A vida não está amarrada com um laço, mas ainda é um presente.

[REGINA BRETT]

9

CONSELHOS PARA ALCANÇAR A PAZ INTERIOR E A TRANQUILIDADE

1. Aceite a vida como ela é. Aceitar o que acontece em nossas vidas significa reconhecer que a única coisa que podemos mudar de verdade somos nós próprios;
2. Viva o presente. Não deixe a parte boa da vida para depois;
3. Relaxe. Uns minutos de puro relax e meditação vão te ajudar a desligar do mundo e se conectar com você mesmo;
4. Descomplique e desacelere. Viva o presente com calma e sem pressa de pensar no que vem a seguir;
5. Não exagere seus problemas. As dificuldades vão surgir sempre, mas tente encarar os problemas como uma forma de aprendizado;
6. Pratique a paciência. Não adianta sofrer por alguma coisa que ainda não sabemos se vai acontecer. Não morra de véspera. Só peru morre de véspera;
7. Dê ao dinheiro apenas o real valor. Há partes da vida que o dinheiro jamais será capaz de preencher;
8. Seja grato. Agradeça pelas suas qualidades, conquistas e pelas pessoas que lhe fazem bem!

[AUTOR DESCONHECIDO]

10

VISÃO DE UM SÁBIO SOBRE FELICIDADE

"Conta-se que, no século passado, um turista americano foi à cidade do Cairo, no Egito, com objetivo de visitar um famoso sábio. Chegando lá, o turista ficou surpreso ao ver que o sábio morava em um quartinho muito simples. As únicas peças da mobília do quarto eram uma cama, uma mesa, um banco e uma grande estante cheia de livros. O turista perguntou: 'onde estão seus móveis?' O sábio, bem depressa, olhou ao redor e perguntou: 'e onde estão os seus?' O turista respondeu: 'os meus? Mas eu estou aqui só de passagem'. O sábio prontamente replicou: 'e eu também! A vida aqui na Terra é só uma passagem, no entanto, alguns vivem como se fossem ficar aqui eternamente e esquecem-se de ser feliz, concluiu o sábio.'"

[AUTOR DESCONHECIDO]

11

VISÃO DE CHICO XAVIER SOBRE FELICIDADE

"Quando eu tinha cinco anos, minha mãe sempre falava que a felicidade era a coisa mais importante na vida. Quando eu estava na escola, os professores me perguntaram o que eu gostaria de ser quando crescer. Escrevi: feliz! Eles me disseram que eu não tinha entendido a pergunta. E eu respondi que eles não tinham entendido a vida."

[CHICO XAVIER]

REFERÊNCIAS e publicações

BIBLIOGRAFIA

ACHOR, Shawn. *O jeito Harvard de ser feliz*. São Paulo. Editora Saraiva, 2012.

ARBESMAN, Samuel. *The Half-Life of Facts*: Why Everything We Know Has an Expiration Date. Nova York: Penguin Putnam Inc., 2013.

CARNEIRO, Caio. *Seja foda*. São Paulo: Buzz Editora, 2017.

COLLINS, Jim. *Empresas feitas para vencer*. São Paulo: HSM Editora, 2015.

EKER, Harv T. *Os segredos da mente milionária*. São Paulo: Sextante Editora, 2006.

GRACIÁN, Baltasar. *A arte da prudência*. São Paulo: Martin Claret, 1998.

MORETTO, V. P. Reflexões construtivistas sobre habilidades e competências. *Dois Pontos: Teoria & Prática em Gestão*. Belo Horizonte, v. 5, n. 42, p. 50-54, maio/jun. 1999.

SUTERIO, Ana Paula Marques. *A relevância do trabalho do professor na formação da autoestima da criança na sala de aula*. Monografia (conclusão de curso) Pontifícia Universidade Católica do Rio Grande do Sul, Porto Alegre, 2009.

LIVROS PUBLICADOS PELO AUTOR

DINIZ, Janguiê. *Os recursos no processo trabalhista: teoria e prática*. Brasília: Consulex, 1994.

______. *Os recursos no processo trabalhista: teoria e prática*. 2. ed. Brasília: Consulex, 1994.

______. *A sentença no processo trabalhista: teoria e prática*. Brasília: Consulex, 1996.

______. *Temas de processo trabalhista*. Brasília: Consulex, 1996. v. 1

______. *Ação rescisória dos julgados*. São Paulo: LTr, 1997.

______. *Manual para pagamento de dívidas com títulos da dívida pública*. Brasília: Consulex, 1998.

______. *O Direito e a justiça do trabalho diante da globalização*. São Paulo: LTr, 1999.

______. *Os recursos no processo trabalhista: teoria, prática e jurisprudência*. 3. ed. São Paulo: LTr, 1999.

______. *Ministério Público do Trabalho: ação civil pública, ação anulatória, ação de cumprimento*. Brasília: Consulex, 2004.

______. *Os recursos no processo trabalhista: teoria, prática e jurisprudência*. 4. ed. São Paulo: LTr, 2005.

______. *Atuação do Ministério Público do Trabalho como árbitro nos dissídios individuais de competência da justiça do trabalho*. São Paulo: LTr, 2005.

______. *Educação superior no Brasil*. Rio de Janeiro: Lumen Juris, 2007.

______. *Desvelo* (Poemas). Recife: Bargaço, 1990. Reed. 2011.

______. *Educação na Era Lula*. Rio de Janeiro: Lumen Juris, 2011.

______. *O Brasil e o mundo sob o olhar de um brasileiro*. Rio de Janeiro: Lumen Juris, 2012.

______. *Política e economia na contemporaneidade*. Rio de Janeiro: Lumen Juris, 2012.

______. *Palavras em pergaminho*. Rio de Janeiro: Lumen Juris, 2013.

______. *Os recursos no processo trabalhista: teoria, prática e jurisprudência*. 5. ed. São Paulo: Atlas, 2015.

______. *Transformando sonhos em realidade*. São Paulo: Novo Século, 2015.

______. *Ação rescisória dos julgados*. 2. ed. São Paulo: GEN/Atlas, 2016.

______. *Ministério Público do Trabalho: ação civil pública, ação anulatória, ação de cumprimento*. 2. ed. São Paulo: GEN/Atlas, 2016.

______. *O Brasil da política e da politicagem: desafios e perspectivas*. São Paulo: Novo Século, 2017.

______. *Falta de Educação Gera Corrupção*. São Paulo: Editora Novo Século, 2018.

PUBLICAÇÕES EM COORDENAÇÃO

DINIZ, Janguiê (Org.). *Estudo de Direito processual: trabalhista, civil e penal*. Brasília: Consulex, 1996.

______ (Org.). *Estudos de Direito constitucional (administrativo e tributário)*. Brasília: Consulex, 1998.

______ (Org.). *Direito processual: penal, civil, trabalhista e administrativo*. Recife: Litoral, 1999.

______ (Org.). *Direito constitucional: administrativo, tributário e filosofia do Direito*. Brasília: Esaf, 2000. v. II.

______ (Org.). *Direito penal: processo penal, criminologia e vitimologia*. Brasília: Esaf, 2002. v. III

______ (Org.). *Direito constitucional: administrativo, tributário e gestão pública*. Brasília: Esaf, 2002. v. IV

______ (Org.). *Direito civil: processo trabalhista e processo civil*. Brasília: Esaf, 2002. v. V

______ (Org.). *Direito: coletânea jurídica*. Recife: Ibed, 2002. v. VI

______ (Org.). *Direito & relações internacionais*. Recife: Ibed, 2005. v. VII.

______. *Revista de Comunicação Social*, v. I (Anais do Congresso de Comunicação). Recife: Faculdade Maurício de Nassau, 2005, 146p.

______ (Org.). *Direito processual: civil, penal, trabalhista, constitucional e administrativo*. Recife: Ibed, 2006.

______. Sapere, *Revista Bimestral do Curso de Comunicação Social*, Recife: Faculdade Maurício de Nassau, v. 1, 145 p., 2006.

______. Revista da Faculdade de Direito Maurício de Nassau, ano 1, n. 1. Recife: Faculdade Maurício de Nassau, 2006.

______. *Revista do Curso de Administração da Faculdade Maurício de Nassau*, v. 1, n. 1. Recife: Faculdade Maurício de Nassau, abr.-set. 2006.

______. *Revista Turismo, Ciência e Sociedade*, v. 1, n. 1, Recife, Faculdade Maurício de Nassau, abr.-set. 2006.

______. *Revista do Curso de Comunicação Social*, v. 1, Recife, Faculdade Maurício de Nassau, 2006.

______. *Revista da Faculdade de Direito Maurício de Nassau*, ano 2, n. 2, Recife, Faculdade Maurício de Nassau, 2007.

______. *Revista do Curso de Administração da Faculdade Maurício de Nassau*, v. 2, n. 2, Recife, Faculdade Maurício de Nassau, jun.-jul. 2007.

______. *Revista da Faculdade de Direito Maurício de Nassau*, ano 3, n. 3. Recife: Faculdade Maurício de Nassau, 2008.

______. *Revista da Faculdade de Direito Maurício de Nassau*. Direito Constitucional, v. XI. Recife: Faculdade Maurício de Nassau, 2009.

______. *Revista da Faculdade de Direito Maurício de Nassau*. Direito Público e Direito processual, v. XII. Recife: Faculdade Maurício de Nassau, 2010.

CURRÍCULO

- Graduado em Direito (UFPE);
- Graduado em Letras (UNICAP);
- Pós-Graduação (Lato Sensu) em Direito do Trabalho – UNICAP;
- Pós-Graduação (Lato Sensu) em Direito Coletivo – OIT – Turim – Itália;
- Especialização em Direito Processual Trabalhista – ESMAPE;
- Mestre em Direito – UFPE;
- Doutor em Direito – UFPE;
- Juiz Togado do Trabalho do TRT da 6ª Região de 1992 a 1993;
- Procurador Regional do Trabalho do Ministério Público da União – MPT 6ª Região de 1993 a 2013;
- Professor efetivo adjunto (concursado) da Faculdade de Direito do Recife – UFPE de 1994 a 2010;

- Professor de Processo Civil da Escola Superior da Magistratura de Pernambuco – Esmape (Licenciado);
- Professor Titular de Processo Trabalhista da UNINASSAU – Centro Universitário Maurício de Nassau;
- Reitor da UNINASSAU – Centro Universitário Maurício de Nassau, da UNAMA – Universidade da Amazônia e UNIVERITAS – Centro Universitário Universus Veritas;
- Fundador, Acionista Controlador e Presidente do Conselho de Administração do Grupo Ser Educacional – Mantenedor da UNINASSAU – Centro Universitário Mauricio de Nassau, UNINABUCO – Centro Universitário Joaquim Nabuco, UNIVERITAS/UNG – Universidade Universus Veritas Guarulhos, UNIVERITAS – Centro Universitário Universus Veritas, UNAMA – Universidade da Amazônia, das Faculdades UNINASSAU, UNINABUCO, UNAMA, e UNIVERITAS, Bureau Jurídico, Bureau de Cursos e Concursos;
- Presidente do Instituto Brasileiro de Estudos do Direito – IBED;
- Presidente do Sindicato das Instituições Particulares de Ensino Superior do Estado de Pernambuco – SIESPE de 2001 a 2008;
- Presidente da Associação Brasileira das Mantenedoras de Faculdades Isoladas e Integradas – ABRAFI de 2008 a 2016;
- Presidente da Associação Brasileira das Mantenedoras do Ensino Superior – ABMES;
- Presidente do Fórum das Entidades Representativas do Ensino Superior Particular – FÓRUM.

FONTES: Alegreya

#Novo Século nas redes sociais

www.gruponovoseculo.com.br